大夏书系·教育艺术

教育中的积极心理学

陶新华 著

华东师范大学出版社
全国百佳图书出版单位

目 录
CONTENTS

序　言　积极心态助力教师成长（朱永新）..................1
前　言　积极心理学与21世纪的教师..................5

第一篇　教师发展与积极心理学..................1

1. 脑科学启示：教师工作的心理学基础..................3
2. 慧眼识人：教师的人才观..................12
3. 积极投入：教师的职业生涯..................20
4. 播种幸福：教师的存在价值..................28
5. 快乐生活：教师的生活态度..................35
6. 心理健康：教师的人格魅力..................40
7. 陪伴成长：师生关系的教育功效..................45
8. 润物无声：教师的影响力..................51
9. 生命同构：教师的生命诠释..................58

第二篇　教师的困惑和应对策略..................65

1. 追求完美与追求幸福..................67

2. 纠错教育与长善救失 72
3. 网络沉迷与沉浸体验 77
4. 学生早恋与性别认同 83
5. 抑郁情绪与解释风格 91
6. 考试焦虑与意义理解 97
7. 学生不懂事与教育智慧 103
8. 离异家庭与重建安全感 109
9. 心理免疫和身心健康 115
10. 人际资源与复原力训练 121

附录一 育人捷径：以性格优势发展为核心的教育 129
附录二 成就理想教师的途径与方法 147
后　记 163

序言

积极心态助力教师成长

新华是我的学生。而且从本科、硕士一直到博士都是我的学生。我们来自共同的家乡，一个位于江苏苏北的小镇。

因此，我对他，早就有着特别的厚望，特别的期待。

上个世纪80年代，他考入苏州大学中文系。我留校任教，正好教他们教育学课程，他们那一届学生与我年龄相差不大，课堂上我们是师生，课后则是朋友，经常一起打球、交流。我的一些书稿，他们也帮助誊抄。说实话，那个时候，我对所有的学生一视同仁，对他没有任何特别的关注与关照。

1987年他大学毕业，回家乡工作了，在一所中学教书。过了一段时间，他来信倾诉了他的苦恼：在家乡结婚生子了，小日子也过得不错，但难道自己这一生就要这样平平庸庸地度过吗？

我告诉他，自己的命运在自己的手中。

差不多同时，不到30岁的我破格被评为副教授，成为江苏省最年轻的副教授，不久就开始招收研究生。我告诉他，可以试一试。

于是，他开始备战。专业课问题不大，外语却丢得差不多了。他在高中教语文，升学的压力也很大。但是他的决心更大，起早贪黑抓时间复习准备,最终他考取了,改变了自己的人生轨迹。

1995年,他正式成为我的硕士研究生。那几年,我开始主持苏州大学教务处的工作,我对研究生要求比较严格,他们也很勤奋认真。在他读硕士期间,我们合作了一本小册子《中国古代十大杰出将领》,由台湾业强出版社出版。我那时推进苏大教改,倡导文理科融合,我带头开设公选课"大学生与现代社会",他成为这门课的助教,并把我的讲课内容录音整理,出版了《大学生与现代社会》(高等教育出版社)一书,成为全国大学生通识教材。那时我获得国家自然科学基金研究项目"中国古代管理心理学思想研究"课题,他是研究团队的重要成员,我们在《心理学报》上合作发表了几篇有分量的论文,后来我们把相关研究成果编辑成《管理智慧》,他作为副主编付出了许多辛劳,这部120万字的著作由经济管理出版社出版,并且获得了国家软科学奖。新华表现出对心理咨询的浓厚兴趣,因此毕业时就被留在苏州大学心理咨询中心。

1999年,我开始招收教育哲学方向的博士研究生。他又成为我的第一个博士研究生。博士论文的研究方向是师生关系问题。我一直认为,教师是整个教育过程中最关键的要素。谁站在讲台前,谁就决定教育的品质,决定孩子的命运。而师生关系,是教育过程中最重要的关系,尊其师,才能信其道,爱其师,才能乐其课。

这些年来,他一方面在学校从事心理咨询工作,成为国内小有名气的心理咨询师,我推荐给他的需要帮助的人一般都能获得满意的结果;另一方面他还办了一个培训机构,培训了不少心理咨询师,影响了一方土地。他有经营的天分,也有公益的情怀。汶川地震后,他和他的朋友一直参与灾后的心理救助工作,去年还专门为灾区的学校义务培训数十位心理教师以帮助新教育实验区的留守儿童。他和他的咨询师团队作为志愿者为昆山中荣爆炸(2014年)和天津爆炸(2015年)的灾后援助工作做出了贡献。

这次新华的著作《教育中的积极心理学》出版，就是在他的多年实践和诸多文章以及讲稿的基础上修订而成。

在书中，他为教师介绍脑科学的知识，讲如何慧眼识人，如何积极投入，如何播种幸福，如何快乐生活，如何保持心理健康，如何陪伴学生成长，如何增强个人影响力，如何书写生命传奇。

在书中，他分析了教师的常见困惑与对策，如追求完美与追求幸福，纠错教育与长善救失，网络沉迷与沉浸体验，学生早恋与性别认同，抑郁情绪与解释风格，考试焦虑与意义理解，离异家庭与重建安全感，心理免疫与身心健康，人际资源与复原力训练，等等。

他告诉老师，在每一个人的内心深处都存在着两股抗争的力量：积极力量（好奇、幽默、善良等）和消极力量（愤怒、怨恨、自卑等）。这两股力量就像太极中的阴阳两极，此消彼长。所以，作为教师，应该学一点积极心理学的知识，努力给自己注入积极的正能量，做一个幸福完整的人。

这本书出版，新华希望我写一点文字。说实话，我一开始是不太愿意的。我对他说，我只希望为你写的关于"新教育实验"的著作写序。我一直期待，作为我的弟子，他能够深入参与到"新教育"的事业中来。

他一直不放弃。我也一直不动笔。

不久前，他发来了书的封面。他说，书很快就要付印了，还是希望我写一个推荐的序言。

我还是心软了。作为他的老师，我知道他的努力与他的纠结。他有本职工作，也有多方面的才能，但精力毕竟总是有限的。我知道他在纷繁的事务之余，也尽可能参与"新教育"的工作，为"新教育"的教师讲授积极心理学，也在以自己的方式做着贡献，甚至做得并不比其他学生少，但是，人无完人，学无止境。或许正是因为有着特别的厚望、特别的期待，因此在我的所有学生中，他成了挨批最多的人。同样，这一本积极心理学的普及读物，无论观点和内容，都还有可待完善之处。

也正因此，我还是期待新华能够继续努力，把积极心理学的成果更多地运用于"新教育"的事业，帮助更多的老师和学生过一种幸福完整的教育生活，相信这样的积极行动，也会助力于自身成长。

朱永新

2016 年 12 月 20 日

前言

积极心理学与21世纪的教师

美国积极心理学家泰勒·本-沙哈尔（Tal Ben-Shahar）博士在《幸福的方法》一书中强调：积极心理学虽然是上世纪末、本世纪初兴起于西方的心理学流派，但积极心理学中一些核心的思想，却发源于中国传统文化中的哲学思想。

在中国传统的文化思想中，有很多倡导积极乐观心态的思想，培养优势和美德的理念。"人之初，性本善"的思想，儒家的"知足常乐"的人生态度，提倡"仁、义、礼、智、信"的道德追求，以及儒家提出的关于治理国家的一些思想方法都是积极心理学思想的体现。《中庸》有这样一句话："致中和，天地位焉，万物育焉。"意思是"中"是人人都有的本性；"和"是大家遵循的原则，达到"中和"的境界，天地便各在其位了，万物便生长繁育了。道家思想也强调了积极的人格品质。"居善地，心善渊，与善仁，言善信，政善治，事善能，动善时"体现了诚实、仁慈、勤奋、正直、善良等多种积极的人格品质。中国的孝文化也体现了积极心理学中"感恩"这一美德。感恩是指乐于把得到好处的感激呈现出来且回馈他人。常怀"感恩"之心的人往往具备诸如温暖、自信、坚定、善良等等这些美好的处世品格。[1]

---

[1] 朱翠英，付在汉，胡义秋．中国传统文化中的积极心理学思想研究［J］．船山学刊，2013（01）：116-118．

因此最初接触积极心理学的中国人一定都觉得积极心理学很亲切，而且会发现它的概念和原理体系，对我们的现实教育生活有很好的指导作用。笔者接触积极心理学之后就特别兴奋，觉得对解决我国现在的许多教育问题大有帮助。

然而，国内当前关于积极心理学的研究和应用还处在初级阶段，在中国知网上用关键词进行搜索发现，2000年到2016年只有33篇关于积极心理学和积极心理治疗的研究论文。

在心理学的发展史上，最初的时候，为了让心理学更好地被证明是科学的，更容易被广泛接受和理解，因而比较多地借鉴了医学发展的经验，参照医学的疾病研究体系建立了以临床心理的问题研究为中心任务的研究体系。这样的好处是很快让人们了解到临床心理学的应用价值，问题是使得心理学在今天更多地趋向生物医学模式，临床心理学只能服务于少数的疾病人群，对于广大健康人群的成长发展的需求和提高生活治疗的需求满足不够。

20世纪后期很多心理学家开始进行研究与探索，德国的诺斯拉特·佩塞施基安（Nossrat Peseschkian）和美国的马丁·塞利格曼（Martin E.P.Seligman）就是两个重要的代表人物，他们发起的积极心理学研究，是对心理学发展历史中存在的偏颇现象的一个拨正——让心理学更多地服务大众；让心理治疗回归运用来访者自身的资源疗愈自己的心理问题和心理疾病，而不是依赖药物或外部力量；让更多人明白开发自己的潜能、发展自己的优势品质，是让生活更加美好的途径和有效方法。

佩塞斯基安的积极心理治疗是动力学和行为疗法结合下的产物，它是一种以跨文化研究为基础、以解决心理冲突为中心、以现实能力发展为导向的心理治疗理论和方法。他认为人生来具有"知"和"爱"的"基本能力"，"知"是教与学的能力，来自每个个体都会试图发展的现实关系；"爱"是爱与被爱的能力，它来自我们每个人生而存在的关系之中。

佩塞斯基安对心理疾病的病理解释是"无病变原则"，即使一种紊乱持续地影响着病人的人格，这种紊乱也不代表病人人格的全部；他认为只有具有神经症症状的人，而没有神经症病人。治疗心理疾病，只要心理咨询师对来访者进行"基本能力"的挖掘和合理充分的利用，就可以达到助人自助的积极目的。佩塞斯基安特别强调文化对人的心理疾病的影响，因此，他的治疗方法中运用了东方文化的元素来激发人的潜意识深处的积极力量，如运用《一千零一夜》中的寓言故事作为一种隐喻，启发来访者，并取得了良好的治疗效果。

以塞利格曼为代表的积极心理学是20世纪90年代在美国兴起的一个新的心理学思潮或学派，它采用心理学目前比较完善和有效的实验方法与测量手段，研究人类的力量和美德等积极因素，发现了这些因素有促进人的生命更加有意义和蓬勃发展的一面，这是科学心理学产生之初具有的而后来在发展过程中被忽略的目标。在心理学发展史上，相当长的时间内心理学的发展是不平衡的，即对人的心理问题的研究和对人性的积极方面的研究相差巨大。在二战后，主流心理学走向了以心理问题的研究为核心、以有心理问题的人为主要研究对象的病理性心理学，这样心理学就偏离了社会主流，意味着庞大的正常人群得不到心理学的关怀。在这种现实的背景下，在1998年，塞利格曼作为美国心理学会主席，发起了一场积极心理学运动，倡导心理学首先要关注人的积极方面。2000年塞利格曼和米哈里·契克森特米哈伊（Mihaly Csikszentmihalyi）在《美国心理学家》上刊登的《积极心理学导论》的文章，正式提出积极心理学这一概念。2002年，斯奈德和洛佩斯主编的《积极心理学手册》正式出版，宣告了积极心理学正式出现。此后，积极心理学的研究在美国心理学界引起了广泛兴趣。随着积极心理学理论体系的逐渐完善，许多学校也开设了积极心理学课程。2009年在美国费城召开了首届国际积极心理学大会，这次会议吸引了全球52个国家的参与，这是积极心理学逐渐成为一种潮流的标志。[1]

塞利格曼认为，心理学的一个更加重要的使命应是让普通人生活得更有

---

[1] 黄璐璐．积极心理学研究综述［J］．四川职业技术学院学报，2012(02):162-165．

意义和更幸福，过分关注"心理问题"或"心理疾病"而忽视人类自身所拥有的积极力量和品质，会使得心理学不能真正发挥出它的价值。由此，心理学的关注焦点应当从"心理疾病"转向"人类的积极品质"，通过大力提倡积极心理来帮助人类真正拥有幸福。

积极心理学的核心思想强调人本身拥有的积极因素，强调人的价值，主要研究人的美德和潜力，以帮助所有的人获得幸福为目标。积极心理学致力于对人的积极认知过程、积极情绪体验、积极人格特点、创造力与人才培养等问题的研究，致力于探索人类美好的生活以及获得美好生活的途径与方法。积极心理学的研究内容主要集中在三个方面：主观水平上的积极情绪体验研究；个人水平上的积极人格特质研究；群体水平上的积极组织系统研究。积极情绪体验指主观幸福感、快乐、爱等。

在积极的人格特质中，目前对乐观的研究较多。塞利格曼认为乐观是可习得的，并且乐观对我们的身心健康和工作成就都有益。良好的环境可以促进个体积极人格特质的形成，而良好的环境需要积极的组织系统去创造。积极心理学把积极的组织系统分为两类：积极的社会大系统，如建立使公民有责任感、有职业道德的国家法律法规；积极的小系统，包括健康的家庭、关系良好的社区、有效能的学校、有社会责任感的媒体等。①

塞利格曼及其团队在全世界范围内50多个国家进行调查研究，获取了超大样本，得出了人类共同拥有的24种积极的性格优势，这24种性格优势又分别属于六大美德。这六大美德主要是：智慧、勇气、仁爱、正义、节制、升华。而这些性格优势和美德与中国传统文化中的追求真、善、美、勇、仁、礼、智的思想理念很相似。

塞利格曼在《持续的幸福》一书中提出了幸福2.0理论，提出幸福由5个元素决定——积极情绪、投入地工作和生活、目标和意义、和谐的人际关

---

① 崔丽娟，张高产. 积极心理学研究综述——心理学研究的一个新思潮[J]. 心理科学，2005（02）：402-405.

系、成就感。积极情绪就是我们愉悦、狂喜、入迷和舒适等感受。投入与心流概念相关，指完全沉浸在一项吸引人的活动中，时间似乎停滞，自我意识也消失了。目标和意义是拥有明确的人生目标、清晰的对人生意义的理解，这意味着归属于某些超越你自身的东西，并为之奋斗。幸福的第四个元素是人际和谐，人是社会性、群居性动物，在和他人友好相处时，我们常感到真正的快乐。良好的人际关系是我们人生低谷时的一剂良药。第五个元素是成就感，"追求成就人生的人们经常会完全投入到他们的工作当中，也常如饥似渴的追求快乐，并在胜利时感到积极情绪，还有可能为更大的目标而继续努力"①。

他还指出人类追求的终极目标就是幸福人生，这与中国古代儒家思想"天下大同"的理想也有不谋而合之处，积极心理学找到了天下大同的心理基础——我们人类共同拥有的积极品质，也发现了人类共同追求的目标——幸福。这种积极品质、这种幸福是人类战胜各种挑战和疾病的重要力量。笔者相信阅读积极心理学的研究成果和各种文献会让老师们兴奋不已，积极心理学必将为建设人类更加美好的幸福生活发挥应有的作用。

无论是佩塞斯基安的积极心理治疗，还是以塞利格曼为代表的积极心理学思想，在用于解决实际问题的时候，都把他们的思想和方法与认知行为治疗相结合，努力追求科学性和实效性。因此，积极心理学的思想和方法具有很好的实用价值，能让教师们在积极心理学的理念和方法的指导下创新发展，过一种崭新的教育生活。

积极心理学的基本假设和人本主义心理学是一脉相承的，它认为人的美好和卓越，与疾病、混乱和悲痛同样都是真实存在的，是构成人生的重要组成部分，是人们获得幸福和成就的基础。我们中小学教师有着特殊的使命，对学生的人生和未来有重大影响。因为儿童期和青少年期是人生发展的关键期，是自我概念、自我价值观等人生重要课题的形成发展期，中小学教师的

---

① 马丁·塞利格曼.持续的幸福［M］.赵昱鲲,译.杭州：浙江人民出版社,2012.

教育教学活动直接影响着学生人生未来的发展方向。今天的学校教育需要培养的学生不应是考试的机器，而是有个性、有灵魂的独立个体。不管是学生还是教师都应追求过一种"幸福完整"的人生。

今天的教师们遇到了比从前更多的挑战，积极心理学给了我们新的视野和方法，我们一定可以从中获得推动教育发展的力量。积极心理学告诉我们，当我们聚焦于消极面的时候，我们看到的都是问题和失望；当我们聚焦于积极面的时候，我们就看到了进步和希望。任何一个民族的希望都是在下一代人身上，积极心理学的人才观认为，所有的人才都是充分发挥了自己的优势才取得了成就、为社会做出贡献而得到了社会认可。因此当教师遇到越来越难教的学生的时候，需要反思，有没有以新的眼光和视野来看待这些现象和问题？只有努力学习积极心理学的最新成果，开启新思维新方法，并运用于实践，才能创新，才能更好地促进学生发展。

面对全新的时代，教师自身也面临诸多的问题：职业怠倦、生涯迷茫、对学生问题的束手无策、师生关系紧张……如果教师不能解决好自身的问题，就没法适应时代的发展，也不能满足新一代学生成长的需要。所有这些问题在积极心理学等科学研究范畴中都是可以找到有效的解决办法的，积极心理学能够助力我们教师走向未来，适应新时代的新要求。

这本书将积极心理学的理念和方法与教育实践活动紧密结合，从教师的生涯发展、教师的人际关系、教师面临的挑战，以及师生优势特质研究出发，比较系统而通俗地介绍了积极心理学在教育教学中的应用。两个附录还参照积极心理学的研究成果编制了个人优势特征测试系统和理想教师测试系统供师生免费使用。这样的测试给了我们一个全新看待学生的视野，改变了我们的人才观。我们每个教师都能够成长为理想的教师，教师培养的学生个个都很清楚自己的优势特征，并在自己的环境中充分发挥出来，成为优秀的人才。

本书虽然不能解决教育实践中的所有问题，但教师们阅读之后一定会有新的启发，改变自己的教育理念和方法，获取更好的教育教学效果，享受幸福的教育人生。

第一篇
教师发展与积极心理学

1. 脑科学启示：教师工作的心理学基础
2. 慧眼识人：教师的人才观
3. 积极投入：教师的职业生涯
4. 播种幸福：教师的存在价值
5. 快乐生活：教师的生活态度
6. 心理健康：教师的人格魅力
7. 陪伴成长：师生关系的教育功效
8. 润物无声：教师的影响力
9. 生命同构：教师的生命诠释

1. 脑科学启示：
教师工作的心理学基础

　　教育工作者的任何教育教学行为，都包含一定的理论假设。这些理论假设有的依赖传统经验，有的依据科学实证。那些经过科学实证和过往经验总结验证的理论假设，无疑会为教育工作者带来清晰明确的工作成效和教学成就。而最近关于脑科学的研究成果，值得教育工作者高度重视，以此为教育教学工作的基础，将使基础教育教学工作事半功倍。

　　人类大脑是自然界进化发展的结果，也是人类赖以成长繁衍的重要物质基础，蕴藏着巨大的潜能。虽然脑科学的研究比较复杂，但是作为教师，了解和掌握其最新的研究成果和研究进展，对于自己的工作、学习将很有帮助。

　　关于脑科学的研究，我国目前还处于比较落后的状态，这里主要参考并借鉴国际上的一些研究成果，这些成果有助于我们更好地了解人脑的发展规律，有助于我们为有效的教育教学工作方法找到科学依据。

案　例

　　曾经有一位资深校长因为痛恨应试教育而选择愤然辞职，虽然他任职的学校当时参加高考的水平也还不错。他撰文批判应试教育：应试教育害人害己，祸国殃民。客观地说，其措辞偏于极端。我们该如何理性地看待应试教育呢？

也曾听到另一种声音：高考制度是目前阶段最适合中国国情、相对最公平公正的人才选拔方式，能让更多普通家庭的孩子有机会通过这种方式接受高等教育。

从小学开始到参加高考，重复的刷题是这长达十二年学习生活的基本模式。很多学生通过反复训练考试技能，确实可以考出较好的成绩，从而进入理想的大学，对中国的大部分家长来说，也算修成正果。同样，作为老师也有过疑问：我让学生多做20份试卷，结果确实比没做的人在解题能力上有很大差别，这不是足以说明应试教育也有正面效应吗？

分析

教育制度改革是国家之头等大事，仅凭一个教师的一己之力当然无法也不可能改变现状，学校校长也只能将他的无奈深藏心底。但是，需要引起重视的是，如果考试变成了教与学的唯一目的，就会对学生身心发展带来潜在的伤害。

举个例子，为了通过考试、提高考试成绩，学校会布置学生们大量刷题，题海战术对提高学生的解题水平、应试能力是有成效的。多做20份试卷的结果是，学生们的解题过程会更加熟练，并且只要坚持足够的训练时间，大脑的相关结构也会发生改变，学生的解题能力会显著提升。但与此同时，在这样僵化的学习过程中，学生对学习本身所产生的情感体验是工具性的，即只是为了通过考试而学习，学生体验到的是被动感、无价值感，难以激发他们内在的学习动力，大脑机理的发展也是极其片面的，他们甚至会产生厌学厌世的想法。

现在让我们通过分析大脑皮层的活动规律，来了解重复机械化训练方式，对于学生一生的成长到底会带来什么影响。

人的大脑皮层在进行智力活动时，都伴有皮层下中枢活动，对这些活动进行体验评价，并由此产生了情感解读。人的情绪情感体验总是优先于大脑皮层的智力活动，当学生认为自己在做无意义、无价值的工作之后，他们对自己的生活会产生负面评价，从而对其未来人生产生不良影响。对学生群体来说，频频出现所谓高分低能、高智商低情商等现象就可以理解了。对教师群体来说，同理，教师们则会产生更强烈的愧疚感，当然就会出现愤而离职等极端现象。因此，要充分了解人类大脑的工作原理，了解学生们的思维模式，才能更好地指导学生，更好地发展教师的职业生涯。

大脑是人体最重要的器官，也是最为复杂的器官。人体的所有器官中，大脑是具有最强再生功能的，是最具利用潜力，也是消耗量最大的器官。大脑虽然只占人体重量的2%，但耗氧量达到全身耗氧量的25%。有人说应该把"我思故我在"改成"我思故我瘦"。因为大脑日夜不停地运转、工作，无论是清醒还是睡眠的状态下，人体这样的复杂机构才得以不停地生长发展。

下面介绍几例大脑科研新发现的功能和原理。

一、神经元、镜像神经元——大脑工作的基本单位

人类神奇的大脑是由神经元构成，它是人类大脑的基本单位。神经元是西班牙科学家 Santiago Ramony Cajal（1989）在上个世纪首次发现的。之后关于神经元有很多研究，逐步揭示了大脑的工作原理：大脑之所以如此神奇，都源自神经元的工作特性——收集信息、加工信息、传递信息和支配效应器活动。关于神经元的研究成果对于教育工作者具有重要的启发。

首先，神经元在大脑中的总量是巨大的，它自身又具有很大的再生能力。一个人大脑储存信息的容量相当于1万个藏书为1000万册的图书馆。只有充分了解它的工作原理才能真正地开发它的潜能。

神经元在青春期之前生长很快，到了青春期以后生长速度放缓，此时它

开始显示出两大功能：有用的神经元连接日益巩固，无用的神经元连接逐渐消失。因为人脑可以在经验的基础上有选择地强化或裁减神经元之间的连接（大卫·苏泽）。这是我们用脑的基础，学习过程是大脑建立连接的过程，这种连接经过多次频繁的重复，就更加巩固。

随着科研的深入，人们对神经元的工作特性也越来越了解，下面介绍几个笔者以为比较重要的神经元工作规律。

1. 机会之窗——神经元工作规律之一

人脑发展具有关键期，这个关键期被称为"机会之窗"。机会之窗是指儿童大脑从环境中接受特定的输入信息并经此创建和巩固神经网络的重要时期。一旦机会之窗关闭，原本用来完成这些功能的脑细胞或被剪除或被调用执行其他任务（M.Diamod & Hopson,1998）。如同《学记》所说："时过而后学，则勤苦而难成。"机会之窗的发现对于我们更好地培养孩子、抓住教育机会具有重要的启示：人脑的学习能力在人生不同时期会有微妙的变化，如果能恰当地抓住机会之窗，有针对性地培养某种能力就比较容易。

科研发现，儿童学习过程的确需要关注机会之窗：如果2岁前没有见到光的孩子可能就会终生失明；12岁前没有听到任何语言沟通的孩子可能一辈子无法掌握一种语言能力；2岁前哭闹不被照顾安抚的婴儿，之后情绪控制能力显著较差。（不排除今后可以通过学习情绪控制能力，重新获得自我情绪的控制力，只是要比那些已经有了很好习惯的同龄人更辛苦。）语言学习能力从出生到5岁左右是第一个关键期，到12岁左右时是第二个关键期，过了这个时间段要再学习语言就比较困难。研究表明，5岁孩子的词汇量能达到3000左右，处于0—5岁这个年龄段孩子的家长，尤其是父亲，如果能经常对孩子多说话会大大扩充孩子的词汇量（Pancsofa & Vernon-Feagans,2006）。这些都说明神经元工作能力对于学习不同技能具有不同的影响，只有充分地了解和认识它，才能更好地指导学习活动。

不过父母也不必过分焦虑，人的一生任何时候都可以学习，大脑的神经元可塑性很强。

2. 长时程增强效应——神经元工作规律之二

长时程增强效应是指和经验有关的神经元之间的突触连接，在一段时间后可以得到增强。这个研究在实验室的动物研究中得到了证明。当人们看到以前见过的事物时，很容易唤醒头脑中的记忆，这是因为神经元的连接比较容易释放出第二次神经冲动，激活原有的神经通路，如果这种激活的次数越多，神经元的连接就越有效。研究发现，释放到突触间隙的能够引起长时程增强效应的某些化学物质会改变蛋白质的构成，合成新的蛋白质，甚至改变基因转录过程（Amaral & Soltesz，1997）。神经元的这一工作原理告诉我们，掌握一种独特的技能，建立一种稳固的连接，需要时间的积累。

3. 适应与再生——神经元工作规律之三

研究报告指出，与在实验条件下生存的老鼠相比，从自然环境中捕获的野生老鼠有着更多的突触、更厚的大脑皮层（M.C.Diamond,Personal Communication，2000）。生存环境越是丰富，越能够刺激大脑神经元发育。当人们处于学习环境中时，大脑内的神经连接的确发生了惊人的变化，神经元的改变非常迅速。因此我们为建构学生的学习经验而设计的教学方法会影响到这些变化的强度和持续时间（大卫·苏泽）。神经元的这种适应性特点反映出人的学习能力是巨大的，只要不断学习就会不断改变。教师如果能够设计好的教学方法，吸引学生持续地努力学习，是取得良好的教学效果的重要条件。

二、边缘系统、海马和杏仁核——大脑情绪中枢

最近的脑科学研究成果发现大脑皮层下中枢——边缘系统、海马和杏仁核对情绪的控制具有重要作用。

边缘系统位于大脑中脑干之上小脑之下，这些结构聚集在左右脑中并成对出现，对情绪产生独特的影响。其中海马和杏仁核对长时记忆和情绪影响很大。研究发现男女性别在智力上的差异不显著，但是在情绪中枢系统上则有比较显著的差异，女性的情绪中枢比男性更加发达，在关系中比较容易产

生情感依赖，这是在进化中形成的情感优势。

研究发现海马与长时记忆有关，成年人大脑中的海马仍具有产生新神经元的能力——这一过程被称为"神经生成"（neurogenesis）（Balu & Lucki, 2009）。神经生成是指神经元的成长，它通过日常饮食和身体锻炼而增强，会因为长期失眠而削弱。（大卫·苏泽）

海马的长时记忆功能是在某些病症的脑部创伤治疗过程中被发现的，因脑损伤而把海马切除的病人，他们的长时记忆消失，对从前发生的所有事情都彻底忘记。海马的独特功能是能够把操作记忆的信息不断地转换成长时记忆的信息，对巩固学习效果起着重要作用，而这个功能的完成需要费时数日或数月。（大卫·苏泽）

杏仁核是附着在海马另一端的结构体，对情绪起到重要调节作用。有研究者认为记忆中的情绪成分储存在杏仁核，而认知成分则储存在其他地方。因此，苏格拉底把杏仁核称为人的灵魂所在地。实验研究发现通过刺激杏仁核而被唤起的情绪85%是消极情绪记忆，尤其是恐惧情绪。研究还发现，长期患抑郁症的人，他们的杏仁核和海马容量有缩小的趋势。这可以解释很多心理创伤病人的症状演变过程，最后都会变成抑郁症，或有显著抑郁特点的复杂症状。因为持续长时间的高浓度皮质醇能引起海马的退化以及认知的衰弱。在长时间的压力状态下，免疫系统会受到危害，得病的几率上升，疾病加速恶化，而且引起生长迟滞（Sapolsky, 1994）。这些研究说明人的情绪对人的健康、生活质量和认知行为有重大影响，需要引起教育者、治疗师的高度关注，消极情绪的处理是影响治疗效果、学习工作效率的关键。

应对策略

一、以脑科学为基础开展教育工作——克服用脑的误区

由于人们对于脑科学研究缺乏足够的认识，我们在用脑方面还存在很多误区。比如"四肢发达，头脑简单"是很多人的普遍看法，实际情况正相

反，体育锻炼时血液循环加速，大脑可以获取更多的营养供给。研究发现，运动能够增加通过脑部及全身的血液流量，而脑中血流量充足对形成长时记忆的海马有效发挥功能尤其重要。运动还能促进大脑释放一种对神经系统最有益的化学物质——脑源性神经营养素（brain-derived neurotrophic factor, BDNF），有了这种蛋白质，有效神经元才得以保持健康，新生神经元才得以顺利成长。适度的体育锻炼，良好的锻炼习惯，是大脑发育的基础，有良好体育锻炼习惯的人，大脑会发育得更好。体育锻炼不仅能让大脑发育更好，还具有宣泄消极情绪、提高精力和体力的作用，从而提高学习效率，消除抑郁情绪等。

在人的成长发展过程中，负面情绪体验对认知和思维产生的负面影响，以及对人生观、价值观的消极影响，甚至对人格特点的负面影响，一直以来都不被我们所重视。心理学研究发现积极情绪体验对于人的健康成长很重要，大脑对负面情绪的敏感和长时负面记忆反应会对健康、学习和工作产生较大的消极影响，这不是简单的认知调整可以改变的。因此，在青少年的成长中应尽量减少这方面的负面影响。

面对生活、学习和工作中的各种压力，我们过分强调了外在压力被内化为动力的可能，忽略了它的破坏性影响。基础教育阶段应该注意培养青少年的学习兴趣，发现其优势特点，而适度给以压力，促进他们的成长。如果压力过大，并不利于开发潜力，更难以培养出创造力和创新精神。

研究发现，长期处于高压力状态会对大脑产生很大的消极影响，包括记忆力损害、分寸感丧失、没有创造力、加速大脑衰老等。人在高压力状态下记忆力极差，甚至出现短暂失忆；高压力还降低了把握分寸的能力，压力状态下大脑的精细化思考问题的能力明显削弱甚至消失；发散型思维是创造性思维的重要组成部分，高压力则削弱了发散型思维的能力，大脑在高压力下失去了创造的活力；高压力还会破坏免疫系统，加速大脑衰老进程。

因此，所有的教师和家长都应该充分认识到，帮助学生在教育环境中有效管理压力，使学生在轻松愉快的氛围中学习，承受适度的压力，可达到最佳的用脑效果。这是非常关键且重要的教育策略，很多优秀的学校和优秀的老师已经具有这方面的经验了。

二、以脑科学为基础开发大脑潜能

关于大脑的研究成果给了教育者很多启示，为科学用脑和开发新的教育方法找到了依据。人类大脑的基本功能依次是：生存反应，满足情绪的需要，认知学习（Carter，1998）。这三个功能的顺序是不可变更的。大脑是随着人类进化而发展的，在进化过程中人类的首要任务就是要活下来，生存反应始终是大脑的首要功能，这是保证人类成为进化过程中的高级动物的最重要基础。因此，只要有恐惧信息、威胁生存的压力信息出现，大脑马上会调动最重要的资源和能量快速应对。惊吓反应的研究表明，大脑会在极短时间内停止别的活动，专注于应对影响生存的情况。任何人包括婴幼儿、青少年、成年人遇到威胁生存的情况时，其他反应都会马上停止：婴儿受到惊吓会停止吃奶；家庭遭遇特殊变故如父母离婚，孩子会无心学习；成人面对解雇和降薪，无法安心工作等等。

在人类进化过程中情绪的发育是人类所特有的，情绪评价与生存是紧密联系在一起的，人类情绪中枢对恐惧情绪的记忆，甚至遗传来的记忆都很深刻。当消极情绪体验出现的时候，大脑中就会留下痕迹，还比较容易唤起从前类似的记忆；而积极的情绪体验则比较容易唤起积极的记忆、动机等。

关于情绪的反应对于人的生存质量来说是一把双刃剑：一方面有利于吸取经验教训，不犯同样的错误，所有经历过的消极情绪体验都具有提醒功能，让人们能够防患于未然，建立自己的防卫机制。另一方面，它也会让人变得抑郁、恐惧，觉得人生苦难、痛苦太多，对活着的意义产生怀疑，具有创伤经历的人反复回忆自己的创伤体验，每次回忆都会有创伤情绪体验，这甚至会破坏他们的生活和人生。而积极的情绪体验在人们自然的大脑活动中比较容易遗忘，快乐的时间总是显得很短暂，而这个体验如果能够经常回忆，也具有积极的激发作用。当一个人沉浸于愉快的情绪体验中，他的内分泌会比较和谐，免疫力会有所提高，思想和行为动机比较容易被激活，自我的资源被开发利用得更好。

只有在生存反应感到安全、情绪体验愉快的时候，大脑才能较好地发挥认知学习功能。这与每个人的生活经验相似，只有在安全愉快的氛围和体验中我们才能够更好地去认知新事物，学习新经验。因此，在学校的学习过程中，虽然在课堂上某些压力可以作为激励学生学习的动力，可是必须将压力降至最低程度，大脑才可能进行认知学习（Dispenza，2007）。学生学业压力不总是有帮助的，有时候也有害，只有充分调动学生的内在的学习动机，让学生在学习中获得愉快的情绪体验，才能够更好地提升学生的学习效率和创新能力。

三、以脑科学为基础寻找教育教学的乐趣

脑科学的研究成果告诉我们用脑的基本规律，安全愉悦的情绪体验是大脑工作的最佳状态，因此，教师工作的重要任务就是要在工作和生活中寻找快乐。比如教师带领学生一起探索某个学科的神秘世界，和学生一起分享欢乐；教师与学生一起克服困难，完成某项不容易完成的学习任务，体验成就感；教师和学生一起把学习过程与自己的生活和环境相结合而有所发现有所创新，感受生活变得更加美好。这样的教师生涯一定是成功的，把探索奥秘和解决生活问题作为人生的追求，把帮助他人或改善生活环境作为自己的目标，人生会因此而丰富多彩，这样不仅让教师感到充实而有成就感，而且也是学生学习的榜样。

教师的人生与学生的人生紧密相连，教师努力寻找教育教学的乐趣时，必然能够给学生的人生带来更多的愉悦体验。

2. 慧眼识人：
教师的人才观

所有职业都有其专项技能，教师这一职业的专项技能是什么呢？也许每个人给出的答案都不尽相同，而积极心理学给了教师这个职业一个全新的人才观视角。每个人都具有自我成长的能力，在信息爆炸的互联网时代，学习途径的便捷前所未有，传道授业解惑已经不再是教师的独门功夫，慧眼识人的技能逐渐成为教师的核心能力之一。慧眼识人的宗旨是，教师要能敏锐地发现每个学生的才能、优秀品德，并且在互动过程中进行培养、强化。简单地说教师必须能辨认学生、了解学生，才能恰当地指导和培养他们成才。

经常有教师抱怨现在的学生太难教——上课不好好听、下课爱捣乱。更有教师自嘲：每天踏进校门就气不顺，这么下去至少少活十年！为什么会这样呢？现在很多教师对学生的评价标准都很单一：只以成绩论"英雄"，眼中只有高分学生的光环，却看不到后进生身上的闪光点。请回想一下，在日常的教学生活中，生气的源头是不是都是那些成绩不好的后进生？有些教师对学生启动双重标准模式：同样是开小差，优秀生情有可原，可以网开一面，后进生就是不遵守课堂纪律；同样是课后追打，优秀生是思维活跃，后进生就是瞎捣乱！采用双重标准的教师很难考虑到用更有效的教育方法对学生进行教育。所以，教师的人才观、学生观、评价标准需要重新思考和定义。

有这样一则故事：一位书生捧着书睡着了，有人说，书生太刻苦了，看书累得都睡着了；有人看到后却说，这人真懒，一看书就睡觉。显然，前者以赞赏的态度发出感叹，后者用否定的判断提出批评。同一个书生，因旁观者的不同态度得出了截然不同的结论。由此反思，这是不是也是某些教师对待学生的不同标准和态度呢？如果我们的老师能调整思维方式——人人都可成才——教育教学活动就会发生显著的变化。

案 例

案例一 某中专院校二年级学生小优（化名），是老师们一致公认的劣等生，虽然是女生，带领同学打架、喝酒却是家常便饭，多次批评教育毫不悔改。一次，小优在和同班4名女生实施抢劫时被当场抓获，被刑事拘留了三个月。为帮助小优出狱后能走上人生的正轨，警方请我来给小优做心理辅导。在辅导的过程中，我发现她身上其实有很多优点：有领导力、讲义气、有韧性……这些，在教师眼中都被忽略了，因为他们只看到了她一次次带领同学打架斗殴，一次次公然违反学校的校规校纪……

刚开始做心理辅导的时候，小优对我非常排斥，但每次我总是带着欣赏的眼光赞赏她身上的闪光点，渐渐的，小优对我打开了心扉：她说，从来没有一个老师像我这样以欣赏的眼光看她，在老师眼中，她就是典型的"破坏王"，时间久了也就"破罐破摔"了。在三个月中，我给小优做了10次心理辅导，每次都关注她身上流露出的积极的一面，负面慢慢就消失了。半年后，小优打电话告诉我，她参加专升本考试并且考取了某985高校。当年参与办案的警察听说小优的事例后都觉得是奇迹，不可思议。

案例二 有位老师跟我讲过一个故事：我班上有个学生叫小健（化名），刚接这个班的时候，小健上课要么无精打采，要么搞小动作影响其他同学学习；下课喜欢追逐打闹，作业拖拖拉拉甚至不做……每天都有任课老师来抱怨，或者是学生来告状。我多次找小健谈话，希望小健能遵守课堂纪律，按时完成作业，但小健的情况并没有多大改进。当时我心想：算了吧，或许他就是根"不可雕的朽木"。但又觉得身为班主任，不能放弃任何一名学生。

我再次找小健谈话的时候放弃了说教，先是倾听小健为什么总是犯错的原因。原来，小健心里十分怨恨三年级时的某老师，因为某老师常常批评他。我听了之后心里一惊，我现在做的不正是他所讨厌的吗？难怪把这些话都当成耳旁风。后来，我总是找出小健做得好的地方当着全班同学的面表扬他：有时是夸他黑板擦得干净，有时是夸他帮同学削铅笔……当然，学习上有一点进步时，我就及时给予表扬。渐渐地，小健端正了学习态度，在那个学期期末考试中，各门功课都破天荒的及格了，我教的语文甚至考到了 88 分，这是对我最好的回报！

分 析

以上两个案例一方面是告诉我们人人可成才，另一方面也说明每个人具有不同的特点，如果不努力发现隐藏的闪光点，那么就浪费了培养一个人才的机会。1983 年，著名心理学家霍华德·加德纳提出了多元智力理论，他认为每个人都至少具备语言智力、数理逻辑智力、音乐智力、空间智力、身体智力、人际交往智力、自我认知智力和自然探索智力等八种智力。这一理论认为，每个学生都是出色的，只是出色的方面不同而已。或许加德纳不认为自己是一个积极心理学家，但是他对能力的关注的确帮助积极心理学建立起了一个观念——每个学生都是人才，不能忽略或贬低任何人。[1]

积极心理学主张人的本性趋于积极，积极心理学建立的理论前提是由

---

[1] 克里斯托弗·彼得森. 打开积极心理学之门 [M]. 侯玉波, 王非, 译. 北京：机械工业出版社，2010.

人本主义心理学继承和发展出来的心理思想,每个人都蕴藏着积极人格品质这一假设。① 积极心理学对积极人格特质的研究是以反思和批判传统人格心理学研究中所存在的问题来进行的。② 积极心理学相信在每一个人的内心深处都存在着两股抗争的力量：积极力量（好奇、幽默、善良等）和消极力量（愤怒、怨恨、自卑等）。这两股力量就像太极中的阴阳两极,是此消彼长的关系：如果个体自身给积极力量注入能量,提供适宜生存的心理环境,那么消极力量就会减少；相反,如果个体自身给消极力量注入能量,提供适宜生存的心理环境,那么积极力量就会减少。积极心理学强调,人格心理学必须研究人内心所存在的积极力量,只有人所固有的积极力量得到培育和增长,人性的消极方面才能被消除或抑制。

为了帮助人们认识并能够充分发挥自身的潜能,积极心理学之父马丁·塞利格曼与他的同事克里斯托弗·彼得森携手,在查阅相关文献资料及一些文化产品（流行歌曲、座右铭、宗教信条等）的基础上,概括出24种性格力量,并归类在六种核心美德（智慧和知识、勇气、人性、正义、节制和精神升华）之下。他们认为,各种各样的性格力量因子,原则上都是各不相同的,有的人可能在某一项因子上得分很高,在其他因子上得分较低或处于中等水平③。所以,每个人的标志性的性格力量是不同的。（识别你的标志性的性格力量,请登录网站：www.authentichappiness.org 或 www.viastrengths.org）

教师在日常教学过程中只要找到后进生身上的优势特征,多加鼓励和表扬,当学生感受到自己的优势特征被认可,他们会因此而更加自信和有成就感,因而会出现意想不到的改变。

---

① 柳礼泉,肖冬梅.积极、希望、快乐、幸福——积极心理学对大学生思想政治教育的启示[J].学术论坛,2009（7）.
② 任俊,叶浩生.积极人格心理学研究的新取向[J].华中师范大学学报（人文社会科学版）.2005,44（4）：120-126.
③ 克里斯托弗·彼得森,积极心理学[M].徐红,译.北京：群言出版社,2010.

我国著名的数学家华罗庚和他的老师王维克的故事也告诉了我们类似的道理。华罗庚在小的时候很顽皮，字写得也很潦草，很多老师都不喜欢他，尤其是语文老师。直到初中二年级，他的数学老师王维克在批改作业的时候发现，虽然华罗庚练习本上的字看上去很不工整，解的题做了许多涂改，但那些涂改的地方，正反映了华罗庚在演算习题时是如何探索的。在其他老师讥笑华罗庚的字像蟹爬时，王维克老师却看到了华罗庚的数学天赋。在王维克的帮助下，华罗庚对数学的兴趣越来越浓。[1]毫无疑问，王维克运用了积极心理学发现并培养出了一个伟大的数学家。他用欣赏的眼光看待每一位学生，他曾指着操场上玩耍的学生对其他教师说了这样一句话："在这一大群孩子之中，有喜欢写字的，还有喜欢画画的、雕刻的、演说的、做玩具的、做数学难题的、下棋的，或是问天高地厚的，沉思默想的，这都是各式各样的天才。只要我们做老师的好好启发他们，引导他们，对他们所喜欢的尽力让他们去做，锲而不舍，行之10年、20年、30年，他们哪有不成为名家之理的呢？因此，我奉劝诸位，千万莫把松苗当成蓬蒿！"[2]

也许可以说，如果没有王维克，就没有数学家华罗庚，如果没有王维克的赞赏、鼓励与支持，华罗庚也许会失去在数学道路上成长发展的机会。如此说来，教师都应该具备一双慧眼，及时准确地识别学生身上的优良特性，帮助学生开发潜能，成就未来。但是，慧眼识人，说起来容易，做起来可没那么简单，积极心理学的理论和方法会给教师很大的支持，对于教龄长的老教师，思维评价模式已经固定，价值观念已经形成，要想改变，系统学习积极心理学的理论和方法将大有裨益。

应对策略

那么，在具体教学过程中，教师应该如何去做呢？

---

[1] 顾迈男. 华罗庚[M]. 贵阳：贵州人民出版社，2004.
[2] 郝宁. 积极心理学——阳光人生指南[M]. 北京：北京大学出版社，2009.

第一，调整情绪，将"爱"、"包容"发展为教师标志性性格力量。

我们教师不喜欢调皮捣蛋、学习不好的后进生，很大一部分原因是后进生会给我们制造很多麻烦，如影响其他同学学习、给班级整体成绩拖后腿等。所以，我们在看待这些学生的时候就会戴上有色眼镜，看到他们就会心烦，情绪必然就会不好。

前文提到，我们每个人都有自己的标志性的性格特征。虽然性格力量在某种意义上是特质性的，具有个体的差异，然而，塞利格曼等人并不认为性格力量就是固定的或者根植于不可逆转的生物遗传学基础①。也就是说，标志性的性格特征是不固定的，可能会随着环境变化而发生变化。在日常教学过程中，想要对后进生不带消极情绪，就应该把"爱"、"包容"发展为教师的标志性的性格力量，因为这两种性格力量会让我们拥有良好的师生关系，让学生体会到被爱的感觉，给予他们更多的赏识和支持。爱与包容、谅解是分不开的，与严格要求也是不可分的，但是对今天的学生来说前者更加珍贵。

第二，立足发扬优势品德，避免让分数成为衡量学生的唯一砝码。

把升学率和分数当作衡量学生的唯一砝码，有这种价值取向的教师的视野非常狭窄单一，不能全面评价学生，同时也容易忽略学生的优势特点，容易让学生在受教育过程中受到挫败。

积极心理学认为，我们每个人身上都蕴含着积极的人格品质。苏联著名教育实践家和教育理论家苏霍姆林斯基也曾说过："从我手里经过的学生成千上万，奇怪的是，留给我印象最深的并不是无可挑剔的模范生，而是别具特点、与众不同的孩子。"因此，教学评价中应避免让分数成为衡量学生的唯一砝码，教师应该以平等的眼光看待每一位学生，多关注学生的积极方面，用善于发现的眼睛去寻找他们身上的闪光点，并给予及时的肯定和积极的评价，学生得到关注，会有利于促进他主动学习。正如案例二中的教师，放弃了批评教育的策略，转而积极寻找小健身上的优点，不管表现出来的事

---

① 郑良骏.教师与学生关系的探讨[J].乌鲁木齐成人教育学院学报，2004（11）.

情有多细小，即使是擦黑板、削铅笔的举动也给予表扬，从而促进了小健学习态度上的转变。

第三，转变态度，关注积极面，对问题作出积极的解释。

很多教师应该都有过这样的经历：对学生的不良行为习惯地作出消极解释，而不习惯作出积极反应和积极解释，这是因为老师头脑之中有自己的假设，没有客观地看待问题和学生，如果能够具体了解情况，并且关注积极面，作出积极解释，那么会比简单批评的效果好很多。

积极心理学提倡对个体的问题作出积极的解释，并使个体能从中获得积极的意义。① 我们的学生不是神人，所以每一位学生或多或少都会出现问题。学生上课睡觉是课堂中常会出现的现象，屡禁不止，但针对不同的学生，教师的态度会截然不同。如果是后进生上课睡着了，我们就会看到案例中的场景，教师会故意刁难，并对其作出消极的解释——这个学生真是太懒了，上课不好好听讲，只知道睡觉，难怪学习一直上不去！但如果是优等生出现问题，教师通常都做得很好，会对出现的问题给出积极的解释：他昨晚是不是又开夜车了？这么拼命学习真不错！如此看来，我们教师是有对问题作出积极解释的能力的。

既然如此，在日常的教学工作中，教师应该对所有的学生一视同仁，从多个角度考虑学生出现问题的原因，并对其作出积极的解释，使教师自身和学生本人从问题中获得积极的体验。正如案例一中的小优，她虽然成绩很差，经常违反校规校纪，这些原则问题不可以忽略，但是教师应该从她的问题行为中看到存在的优点。小优具有很强的领导能力，可以很容易地把同学组织起来，这样的解释不仅会让教师对小优刮目相看，不再认为这样的后进生无药可救，对她身上的优点视而不见，而且，如果善加表扬和利用，也会让小优产生积极的情绪体验，更快更主动地回归"正道"。

第四，营造和谐的师生关系和同学关系氛围，促进学生主动学习。

---

① 马彩霞.立足积极心理学 积极转化后进生［J］.心理健康教育，2007（08）.

在当下普遍注重成绩忽视情感的教育模式下，很多教师与学生的关系很紧张，甚至呈现对立的局面，其结果就是教师吃力不讨好，很多学生，甚至有些优等生都是被动地学习，对学习缺乏兴趣，从而使得教学质量很难提高。西方一位学者曾说过：人与人的关系也是一种生产力，良好的师生关系对教学质量的提高和学生的身心健康发展起着不可替代的作用。积极心理学也认为，积极的社会关系可以促进积极特质的发展和表现，从而进一步促进积极的主观体验。因此，良好的师生关系不仅可以促进学生积极特质的发展和表现，还可以促进学生对教师、对学习产生积极的主观体验，从而激发学习兴趣，调动学生学习的自觉性、主动性和积极性。所以，在日常教学过程中，教师除了传授知识，还要用心营造温馨的师生关系氛围。

在这一过程中，教师应该做到：

（1）打破单一的知识传授模式，树立服务意识。从古至今，师道尊严的传统思想一直存在，虽然有其合理性，但在现在这个知识爆炸、追求多样化的信息时代，这一思想显得过于保守僵化。我们教师应放下权威的架势，以一个共同学习和探索者的身份引导学生一起学习，让学生有最大化的收获。

（2）关注学生情感需要，更多地鼓励赞扬，慎用批评和指责。大部分学生在入学的时候都对学习抱着很大的兴趣，但是，随着教师对成绩的关注、对学生实施差异化的鼓励与赞扬，很多学生慢慢失去对学习的兴趣，从而开始对学习、老师甚至学校产生排斥心理，把学习当成任务来完成，内心想尽量逃避学习。所以，教师应在教学过程中让学生产生积极愉快的体验，多关注学生的情感需要，多鼓励、赞扬学生，对学生的问题给予积极的解释，促进学生主动学习。

3. 积极投入：
教师的职业生涯

庞大的中小学教师队伍，是教育事业最重要的力量和基石。许多教师刚入行的时候意气风发，以三尺讲台为事业，以培养人才为己任，希望功成身退时桃李满天下。但是，入行不久他们就发现这个职业不容易，投身教育事业的热情很快被消磨了，职业倦怠感很明显，这成为教师专业发展乃至教育发展的一大障碍。

要成为一名优秀的教师需要做好自己的生涯规划，而优秀教师的职业生涯是一种满怀激情、积极投入的生活方式。

案　例

案例一　林老师大学毕业后，就应聘进入某中学从事数学教学工作，幸运的是，这个学校的师资力量和生源都比较好。刚入职时考虑到新人的培养期，学校领导安排她跟很有经验和能力的班主任搭档合作，只负责数学教学工作。因为资深班主任经验丰富，指导有方，一段时间共事下来，她觉得上手很容易，认为当老师很轻松，不用费多少心思，只要上课讲清楚，下课布置作业，隔三差五进行一场考试就完全可以应付。林老师甚至觉她教得好不好都不重要，只要学生考试成绩好就行，所以有时会采取一些铁腕手段应对学生。因此开始工作时林老师整体表现还算不错，也获得过学校领导的肯定，林老师也认为自己只要按照这样的教学方式就可以稳稳当当地工作下去。

后来工作内容变了，林老师除日常教学工作之外还要当班主任，独当一面，这时林老师才发觉：以前听话的学生变得不听话了，跟老师顶嘴抬杠；家长也没以前配合了，动辄就以向上级领导投诉威胁……学校领导找她谈话时，林老师也是一肚子的委屈：明明自己的教学方法以前是有效的，但是现在学生和家长都不愿意按照自己的教学方式学习，成绩下滑却又来责怪她，连学校领导也批评她。林老师并没有检讨自己的工作和教学方式有什么问题，反而自此后破罐破摔，对班级管理更松懈，教学课更不用心，甚至开始后悔入了教师这一行，考虑是不是应该换个工作，进入职业倦怠状态。

案例二 张老师大学毕业以后在中学从事英语教学工作，她立志要成为一名受学生爱戴的老师。但工作后张老师发现并不是她想的那么简单和美好：自己初出茅庐缺乏经验，容易心浮气躁；而青春期的孩子又不服管教，对她的教学方式很反感，对作业、考试之类都不愿意配合，班级成绩自然难有起色。张老师一筹莫展、无计可施，不得不使出杀手锏：对学生愈加严厉，结果却适得其反。

几番尝试碰壁之后，张老师虚心向前辈教师们请教后才领悟，教学要以学生为主导，倾听学生的看法，现在的年轻人不喜欢传统教学那一套，需要改进方法，要用对学生更有吸引力的方式。

于是，张老师改变了自己以前的教学方式，课堂上不只是板书教学，还通过播放美剧、英剧来让学生练习口语和听力；不再要求学生死板的背单词课文做作业，鼓励同学们在生活中尽量使用英语交谈，创造口语练习的氛围。同时，张老师还注重学生的个人能力发挥，针对不同学生制定不同的教学方案。虽然现在的教学方式需要花更多的时间和精力，但是逐渐融洽的班级氛围和稳步提升的学习成绩让张老师相信，自己正在慢慢成为被学生们接受、受学生们欢迎的好老师，她对自己的工作越来越自信，生活越来越充实。

分析

案例中的两位老师，对自己职业生涯的规划截然不同。案例一的林老师对教师行业认知存在偏差，只教书不育人，教学方法单一刻板，把教育工作简单化为传授知识，这样的教学方式就算能取得较好的考试成绩，也会因为忽略学生学习的特点，造成教师的职业倦怠和学生对学习没有兴趣。学生学习、教师教学，需要有生命的共鸣，否则就不能激发学生内在的动力，教师自己也会职业耗竭。如果能更注重学生的感受、更关心学生，在育人方面积极投入，结果就会完全不一样。案例二的张老师，虽然刚开始的时候因为缺乏经验、方法单一也出现了很多问题，但她认真反思，心中有学生，把培养人作为教师投入工作的目标，最终解决了问题。教师的职业生涯不仅是"传道授业解惑"，更重要的是陪伴和促进学生生命的成长。

现代化教育强调的是教学要以学生为中心，要尊重学生的独特性，充分发扬学生个人优势和特点，实现学生的健康发展。其实这对教师的要求更高，因为教师需要对每个学生投入大量的心力，教师努力的方式方法和追求的方向发生了变化，在这种背景下，教师的个人成长和生涯规划就显得更加重要。

作为培养人才的人，每个教师需要思考的是如何能够从自己做起，规划好自己的人生，因为教师的人生会影响学生的人生。这就要求教师要不断学习新的知识，努力扩展自己的知识面，掌握更多的技能，不断改进自己的教学内容和方法，适应学生发展的需求。在互联网时代，随着教育信息化的推进，新课程改革对教师的要求也在不断变化，要求教师成为学生学习的组织者、引导者和教育教学的研究者[①]。教师必须学好心理学，研究了解每个学生的特点，理解和鼓励学生，建立良好的师生关系，需要时能及时给予学生关心和支持。教师必须成为积极投入的幸福教师，只有教师自己规划好自己的人生，与时俱进，让自己变得充实而创新，才能适应这样的变化和要求。这样积极投入地工作的教师，才能成为具有成就感和幸福感的教师。

工作投入是一种积极的、充实的、与工作相关的，具有活力、奉献和专注特征的心理状态。活力是指具有出众的精力与韧性，愿意在自己的工作上付出努力，不容易疲倦，面对困难时具有坚忍力等；奉献是一种对工作的强烈卷入，伴随着对工作意义的肯定、对工作的高度热情以及自豪和受鼓舞的感觉；而专注则是一种全身心投入工作的愉悦状态，感觉时间过得很快，不愿意从工作中脱离出来[②]。

传统心理学研究焦点在于个体的问题和不足，而积极心理学强调的是个体的积极面，这样的研究有了重要的发现，即成功的关键不是消除各项弱点，而是充分激发个体内在积极性的建设性力量和美德。投入、活力、奉献、专注是人类共同认可的美德，教师更应该具有这样的美德，如果在工作和生活中充分发挥这些美德，一定可以培养出更多优秀的学生，让自己的职业人生丰富多彩，蓬勃发展。

积极投入的工作和生活是一种积极的生活方式。心理学家研究发现这种生活方式不是一个短暂的特殊的状态，而是一种更加持久、更加全面的情绪认知状态，并且这种状态并不局限于某一个特殊的目标、事物或行为[③]。工作投入对于个体具有重要影响，国内外很多的研究显示，在工作中更投入的个体具有更积极的工作态度和工作行为，工作满意度也更高。积极投入工作的

[①] 张娟.新课程改革下教师角色的转型［J］.吕梁教育学院学报，2012（03）：16-17.
[②] 王彦峰，秦金亮.工作倦怠和工作投入的整合［J］.心理科学进展，2009（04）：802-810.
[③] 赵春辉，葛俭，史春媛，徐娟，周艳娟.教师工作投入研究综述［J］.中国校外教育，2013（22）：60-61.

个体可以促使个人所在的团体或组织的效能提升[①]。此外还有研究发现，工作投入的个体能够有效地缓解压力和紧张[②]。

教师的工作投入是指教师对本职工作的积极主动态度和热爱程度。教师的工作投入不仅影响自身的生活质量以及专业发展，更会影响学校教育质量以及学生的健康成长。工作投入作为一种正性体验，对调节中小学教师情绪、态度与行为，消除或降低工作倦怠尤为重要[③]。在积极投入的教学生涯中，教师能够持之以恒地付出努力，对教师来说教学工作往往是出于自身的喜好或者理想，所以即使有一些外在的困难，教师依然能够保持积极的情绪，享受工作过程，并且将工作过程中获得的体验化为继续努力的动力，这种高涨的精力和情绪状态让教师能够沉浸在工作中无法自拔，工作时心无旁骛，总觉得时间过得很快。即使有时候压力让他感觉到很累，但是只要休息以后就能够很快地恢复过来，继续精力充沛地工作。在这种状态下工作的教师，仿佛具有改变学生的神奇魔力，很受学生、家长、同事和领导的欢迎。

教师规划自己的生涯需要清楚自己的"职业锚"。职业锚是人们选择和发展职业时所围绕的中心。每一个人都有自己的职业锚，影响一个人职业锚的因素有：(1)天资和能力；(2)工作动机和需要；(3)人生态度和价值观。由于过去缺乏生涯设计的概念和意识，不少教师对自己将来的职业目标、如何达到自己的职业目标、现在自己离这个目标还有多远等问题，缺乏明晰的认识。在工作上，往往盲目听从领导的安排，以完成任务为目标，没有多少自己的理想追求，态度不积极。而当工作出现问题时，往往归因于别人的错误或者外部的环境制约，认为自己已经尽力了，但是没有办法克服困难。教

[①] Harter, J. K., F. L. Schmidt and T. L. Hayes. Business‐unit‐level relationship between employee satisfaction, employee engagement, and business outcomes: a meta‐analysis. *Journal of Applied Psychology*, 2002, 87 (2) :268‐279.

[②] Britt, T. W., A. B. Adler and P. T. Bartone. Deriving benefits from stressful events: The role of engagement in meaningful work and hardness. *Journal of Occupational Health Psychology*, 2001, 6 (1) : 53‐63.

[③] 盛建森. 教师工作投入：结构与影响因素的研究 [J]. 心理发展与教育, 2006（02）：108-112.

师要想避免走入这种误区,建立积极投入的教师生涯,活出幸福人生,就必须先做好生涯规划。

应对策略

现在教师发展深受各级政府的重视和支持,从社会发展要求和教师自身发展需要来看,每一个教师自从开始了自己的职业人生后,就应该科学规划自己的职业生涯。建立一个积极投入的教师职业生涯,是每个教师努力的方向。对于如何建立积极投入的教师生涯,积极心理学的相关研究给出了一些启示,可以从以下两个方面着手:

一是从教师自身发展角度考虑,认清自己的品格和能力特征,充分发挥自身的优势才能和特质。

首先,积极心理学认为个体的优势和才能的发挥是幸福生活的基础,而积极投入的教师生涯也需要教师发挥自身的优势和才能。入行之前的慎重选择是不可忽略的,在入行前应该先了解自己的优势特质是否符合教师行业的发展要求,如果不符合就应该重新进行规划。如果优势特征符合教师的职业要求,那么就应该充分地发掘和展示自己的优势才能,在工作中扬长避短,克服困难,积累成功体验。教师要主动进行积极的自我管理与调节,对不足的地方努力改进,优秀的地方努力保持和发扬。

其次,在教育实践中体验成功,提升教师心理资本,促进教师积极投入。心理资本指可提升工作绩效与组织竞争优势的个体重要内在资源,包含四个要素:自我效能、乐观、希望、韧劲。研究发现中小学老师心理资本与工作投入呈显著正相关。教师心理资本作为教师教育工作中的内在积极力量,具有明显的补充能量以及动机激发功能,可影响教师对工作意义的体验、对工作过程的坚持及工作责任感,使其更投入地工作。[1]

---

[1] 毛晋平,谢颖.中小学教师心理资本及其与工作投入关系的实证研究[J].教师教育研究,2013(05).

在教学过程中要注重激发和提升教师的心理资本，激发教师潜能。这可以从以下几方面入手：（1）让教师在团体中成长，在得到团队支持的前提下不断积累小的成功走向大的成功，这样可以提升教师的自我效能感。（2）在团队中营造乐观向上的氛围，面对困难时有乐观应对的榜样，对教师自身有很好的激励作用。（3）让教师经常重温自己美好的人生理想和蓝图，并让他们看到自己工作的成效，学生成长的未来，使教师对未来的生活充满希望。（4）建立良好的人际关系，发挥团队协作的力量。

积极的人际关系是生活满意度和积极情绪的重要来源，来自亲朋好友的社会支持能够缓解压力的负面效应。新教师在入行初期必然会遇到很多压力事件，教学经验不足、新环境的适应问题、教学考核等等都会给新教师带来很强的压迫感。面对这些难题，除了自身的调适以外，良好的社会支持可以降低压力对个体的影响。在面对这些问题的时候，和亲近的人一起谈谈工作中的问题，可以帮助宣泄不良情绪，维持情绪平衡。同时，教师和学生之间、同事之间、领导之间、学生家长之间的良好关系，都是教师工作投入的良好保障。

二是从学校和教师的关系角度来说，学校应该鼓励教师做好自己的职业发展规划，促进教师积极投入地工作，充分发挥学校的组织引导作用，让老师喜欢学校、热爱教育教学工作。

积极心理学研究发现，积极的组织系统是个体发挥积极特质和优势的保障条件，一个良好的组织就是有助于它的成员获得美好生活的组织。学校是教师开展职业生涯的场所，但是不能让学校仅仅是一个场所，而是应该让学校成为教师实现理想、达到幸福生活的环境。教师职业生涯规划应当与学校的发展目标一致，学校需要对教师进行职业生涯规划的培训，建立完善的职业生涯导向机制，使教师能够更加清楚自己的职业发展道路和方向，并给教师提供足够的培训成长机会，使教师不仅在教学技能和水平上有所提升，更能够提升自身的修养。

研究也发现了积极投入的个体会促进所在的团体或组织的效能提升，所以说积极投入的教师和积极投入的学校之间是互相促进的。

积极的教师生涯需要更加积极的教师评价体系。目前中国学校的教师评价体系单一,往往以学生成绩和升学率来评价教师的能力和成果,并以职称、奖金、奖项为外在激励。这些外在条件本身也是很重要的,但是,有时候外在的驱动力很容易弱化个体内在的积极性,一旦这种外在驱动力得不到强化,个体就很容易失去动力,教师就很容易忘记自己教学原本的目的。这种结果导向的评价标准容易忽略教师自身的感受,这对于教师的成长是不利的,教师需要享受教学过程中的积极体验,这种积极体验可以拓展教师的认知和行为能力,并且建构教师积极又持久的生理心理和社会资源,从而达成积极投入的教师生涯。

将积极心理学的思想运用到教师生涯规划中来,形成积极投入的职业生涯,是在现代教育背景要求下的必然选择。积极投入的教师生涯不仅需要教师自身的努力,也需要外部环境和他人的帮助。只要教师在职业生涯中能够有效运用积极心理学的思想,必定会对教师职业生涯发展有所裨益。

4. 播种幸福：
教师的存在价值

通常，幸福的人大多乐于奉献，奉献的时候可以拥有更多的幸福，这是一种良性循环。如果教师能够成为传播幸福的人，则不仅自身拥有幸福，在生活中充满活力，培养出来的学生也将更有幸福感和创新活力。所以让学生因为教师的存在而感到幸福，是教师获得幸福的重要源泉。

案 例

2013年5月，我在给四川北川某小学的教师上积极心理学课的时候问大家："你们快乐吗？"全场一百多人举手的只有个位数。又问，"那么请不快乐的人举手。"这时有超过60%的人举手，这样的结果让我震撼了。之后我了解到，这个学校的师生在地震中伤亡比较大，虽然已经过去五年，但大多数教师依然处于比较消极或者倦怠的状态中。也正因为此，学校领导才邀请我们来给大家讲讲积极心理学。其实，我们日常生活也会出现这种倦怠感，比如教师总会觉得自己早出晚归为了学生这么辛苦，学生还不理解不配合，这种情绪累积多了自然就会产生倦怠。于是人们就会怀疑播种幸福，寻求快乐，真的能做到吗？生本不乐也成为不少人认同的一种观点。

分 析

案例中北川的教师经历了重大灾难之后导致这样的心理状态是可以理解的，目睹亲人、朋友、同事、学生的遇难给他们留下难以挥去的悲痛体验，即使时间过去很久了，那些画面仍历历在目。在这样的重大灾难之后，巨大的创伤让人们变得倦怠了，消极无奈地接受现状。然而，回顾人类发展史，人类经历的重大灾难有很多，在重大灾难后也有一些人能够乐观坚定地生活着，保持旺盛的生活和工作热情，这些人是怎么做到的呢？有人认为这些人"没心没肺"，殊不知，生活中还有很多没有经历重大灾难的、没有重大创伤的人生活得依然很不快乐，这些现象值得我们深思。

不少人总是把幸福和快乐等同于享乐，等同于无所事事，这些都是错误的生活理念，是对幸福的误解。关于幸福，我曾经与苏州西园寺佛学院济群法师讨论禅修的境界时有意外的收获，济群师父说："其实得道成佛后并不生活在天堂，而是生活在人间。"这让我很惊讶，他解释说："因为在天堂没有痛苦和烦恼，所以也没有快乐和幸福，因为快乐和幸福是伴随着痛苦和烦恼而共生的。所有得道成佛之人都很快回到了人间，普度众生，帮助人们消除痛苦和烦恼，这样成佛者就能够分享快乐和幸福了。"这段话让我茅塞顿开，积极心理学中所说的幸福来自每个人自己的亲身经历和体验，来自投入地工作和生活，来自帮助他人的过程。当人们付出爱的时候就会得到更多的幸福。在教育教学过程中，教师的幸福和快乐也来自帮助学生成长，帮助学生克服困难。当积极投身于教育事业的时候，教师将获得无限的快乐和幸福。

日常生活中，我们往往会简单地把幸福感跟一时的愉悦感相提并论，愉悦感确实是幸福感的一部分，但幸福感的定义范围远比一瞬间的感觉宽广得多。幸福感是一种在情感体验愉快和认知评价满意时产生的感觉。幸福的人将会在人生的各个领域获得成功，包括婚姻、友谊、工作、收入、工作表现、心理健康等。

既然幸福能够带来很多满意的结果，那么我们教师如何才能获得幸福感呢？积极心理学之父塞利格曼曾提出幸福的公式：幸福＝遗传＋生活环境＋

个体可控行为。

一、遗传因素：每个人都有一个幸福的"恒温仪"

有研究表明，一个人是否幸福，50%取决于遗传。人们天生就有一个幸福的范围，这个范围就像恒温仪，当我们情绪高涨或者情绪低迷时，它会尽忠职守的把我们的幸福感拉到平常的水平。

有一个研究，追踪了22名中了乐透大奖的人，结果发现，虽然刚开始他们都很开心，但几个月之后，他们都降回到原来的幸福指数附近，赢得大奖并没有使他们比控制组的人更幸福。同样，假如有不幸的事情发生，这个恒温仪也会把你从低潮中拉出来，让你回到原来的幸福水平。有调查显示，84%的严重残障者认为，他们的幸福水平处在平均值，甚至比平均值更高。

几年前我在北川做援助时发现经历过创伤的北川教师，虽然还处在悲伤之中，但是一段时间后，他们的幸福感会回归到日常生活的平均值。因为人类自身的遗传特质对他们的幸福有50%的影响力，无论是因为获大奖还是遭受什么厄运，他们在一定时间之后都会回归相应的水平。我们不能改变遗传，只能接受自己的遗传特点，但我们可以改变遗传之外的50%。

二、生活环境：没有你想象的那么重要

很多人对幸福本身存在误解，觉得幸福依赖于物质和环境的影响，其实，生活环境（如金钱、婚姻状况、社交生活、健康状况、宗教信仰等）对幸福的影响只占很小的一部分，积极心理学研究发现大约只有10%左右的幸福是由生活环境决定的，其中金钱、健康状况对幸福感的提升几乎没什么影响。当然，严重的长期的健康问题、温饱问题会降低生活满意程度。研究发现，处在不同的环境中和具有不同健康程度的人有着不同的幸福感。

生活中影响幸福感的因素诸多，其中最重要的是社交生活和婚姻满意度。塞利格曼指出，非常幸福的人和一般人、不幸福的人之间最大的差别在于他们有着非常充实丰富的社交生活，"好人缘"是获得美满婚姻的重要原因之一，而喜欢交朋友的人更容易找到适合结婚的对象。

所以，教师要想提高幸福感，就要多参加一些社交活动，与自己的同

事建立愉快、满意的同事关系,扩大自己的社交范围,改善自己与家人的关系,提高自己的婚姻满意度,从而提高自己的幸福感。

师生交往也是非常重要的资源。北川的老师们也是这样,经历重大创伤之后,有一个较长时间的康复过程,如果能够让自己的生活内容丰富起来,多多从事有意义的社会交往活动,幸福快乐就会常相伴。

表 1　与幸福感和生活满意度存在正相关的各种变量

低度相关或无关	中等程度相关	高度相关
年龄	朋友的多少	感激
性别	已婚	乐观
受教育程度	宗教信仰	有工作
社会阶层	娱乐活动的多少	性生活的频率
收入	身体健康	时间体验的百分比
是否有孩子	知觉能力	积极情感
种族(是否少数民族)	外倾性	幸福感问卷的重测信度
智力水平	神经质(负相关)	同卵双胞胎的幸福感
外表	内部控制能力	自尊

三、个体可控行为:让你生活在幸福范围的最高点

积极心理学认为,遗传和生活环境留给人们有所作为的空间较小,因而提高幸福感的重点要放在第三类因素,即个体可控行为。美国心理学家柳博米尔斯基研究发现它可以提升人 40% 的幸福感。我们应该控制自己的行为和思维,让自己得到更多的积极情绪体验,使我们生活在自己幸福范围的最高点。

情绪不仅是指当前的感受,还包括关于过去和未来的感受。有关过去的积极情绪包括满意、满足、成就感、骄傲和平静;有关现在的积极情绪包括欢乐、狂喜、平静、热情和愉悦;有关未来的情绪包括乐观、希望、信心和信任。这三种情绪是不同的,而且不一定紧密联系。虽然我们希望在过去、现在和未来都很幸福,但世事往往不尽如人意。例如,我们可能对过去的自

己很满意、很骄傲，但并不意味着满足现状，甚至还有可能对未来悲观。同样，你也可以现在拥有很多幸福，但却对过去充满了悔恨，对未来感到无望，而这一切我们完全可以通过调适，主动将自己的情绪导向积极，从而持久地体验幸福。

教师任教之前并不是一张白纸，他们对过去的看法、对现状的满意度及对未来的期望都是不同的，关键是我们看问题的聚焦点。如果拥有了积极的聚焦点，无论过去、现在、未来怎么样，都能够获得积极的情绪体验。因此，控制自己的行为和思维，就是要选取看问题的角度，聚焦积极面，让真实积极的体验滋养自己，增加自己的正能量，让自己生活在幸福范围的最高点。

除了幸福的公式，塞利格曼还提出"积极情绪、投入工作和生活、人际关系、意义和目标、成就感"幸福五要素。他认为，要想得到幸福，需要从生活中得到更多的乐趣，更加投入自己的事业，寻找使生活更有意义的途径，并取得成就。

有人说，给镜子一缕阳光，它能反射出一片天空；给心灵一缕阳光，它能反映出一个天堂。如果学生是一面镜子，那么教师就是那一缕阳光。所以，作为教师，每天都应该以阳光般的心情快乐地面对自己的学生，只有自身充满阳光，才能让学生在感受到来自教师温暖的同时，感到自己的生活是幸福的。当教师自己遇到困难和挫折时，尤其应该以乐观的心态去面对，为自己的学生做好榜样示范。

"心流"之父米哈里·契克森特米哈伊的研究认为，最愉悦的一刻通常出现在一个人为了一件充满挑战但自认为是最值得努力的事，把体能与智力都发挥到极致的时刻，这就是"幸福流"，是一种最接近"幸福"的状态，是在生活中的最优体验，与从前心理学中提出的自我实现和高峰体验的感觉是一样的。

应对策略

教师作为人类灵魂的工程师，对学生的成长乃至整个人生都有着重要的影响。苏霍姆林斯基曾说过：在教学大纲和教科书中，规定应给予学生各种知识，但却没有给予学生最重要的东西，这就是幸福。理想的教育是培养真正的人，让每一个教师培养出来的人都能幸福地度过一生，这就是教育者应该追求的恒久性、终极性价值。人本主义心理学家认为当孩子的周围环境、教师、同学与朋友提供最优的支持和鼓励时，孩子就最有可能健康成长和自我实现。

教师的工作首先应该是播种幸福，"让学生因为教师的存在而感到幸福"，这也是教师获得幸福的源泉，根据积极心理学的研究成果我们可以获得启示，以下参照塞利格曼的观点给教师们提几点建议：

第一，训练自己将看问题的角度聚焦在积极方面，从而更多地获得积极的情感体验。积极心理学用来训练乐观心态的方法很有效果，可以让自己或学生一起尝试做以下练习：（1）写感恩信。为帮助过自己但还没有表达过感谢的人写一封感恩信，并亲自把它寄送出去。这样做可以提升你的幸福感，减少抑郁情绪。（2）每天回忆三件不错的事情。在每天下班前或睡觉前，想这一天发生的感觉不错的三件事情，写下来，并解释为什么感觉不错。这么做一开始也许会让你觉得有点别扭，但请你一定要坚持一个星期，它就会逐渐变得容易了。一般来说，六个月以后，你就会有更多的积极情绪体验，有更多的幸福感。

第二，在工作、生活中做自己擅长的事情，充分发挥自己的优势，开发自己的潜能。所有著名的优秀教师都具有这样的特点，喜欢并长期投身自己所热爱的教育事业，将自己与事业融合在一起。教师在努力工作的时候能让每个学生都得到更好的发展，看着他们走向美好人生，而教师也成就了自己的幸福人生。每个人都有自己的优势，通过测试识别自己标志性的性格力量，并找出最高分的前五项力量，在任何时候抓住所有的机会更多地使用这些力量。

第三，建立良好的人际关系，包括同事关系、师生关系等。积极心理学认为，积极的社会关系可以促进积极特质的发展和表现，从而进一步促进积极的主观体验。要促进良好的人际关系的发展，可以进行积极的、建设性的回应的练习。比如当你的同事或学生告诉你他们的好事时，你要认真倾听，保持目光接触，用积极的、主动的方式来回应他们。这一练习尤其可以在夫妻之间进行，如当你的爱人告诉你他升职了，你在语言上的反应应该是：A. 太棒了，我太为你骄傲了，我知道这个晋升对你有多重要！B. 快告诉我当时的情况：你领导在哪告诉你的？你是什么反应？我们应该出去庆祝一下！在说这些的时候，你要与他保持目光接触，并表达积极的情绪。以上这两种反应是人际交往中宝贵的东西，是人际关系的润滑剂，能够这样做的人不仅会被别人喜欢，而且自己也会分享到更多快乐。

第四，要理解为了工作和学习而付出努力的意义和目标价值。老师要和学生一起探索工作和学习的意义，因为只有具体的探索过程才更容易让学生理解和接受。师生领悟和掌握了真正的意义，并在这个过程中获得自己的体验。教师如果仅仅停留在说教上是很难对学生产生积极影响的，只有真诚并积极展示学习研究的真正意义才能对学生产生积极影响。

第五，分享成就感，叙说自己成功的经验和故事。教师和学生都需要用自己的成功体验和成功实践来强化成就感，成就感对人幸福感的影响力最大，也是幸福感得以持久的关键。每周可以根据一件事情写下一个故事，展现出自己最好的一面，然后，在接下来这一周的每一天，都要温习这个故事，让自己感受成功的喜悦，提高自信心。

让学生获得幸福的时候，教师也一定很幸福，教师自己要身体力行，率先垂范，这样教师的幸福和学生的幸福可以构成良性循环，不仅教师职业可以走向蓬勃发展，更重要的是会培育出越来越多拥有幸福生活的学生，如此成就其巨大价值和意义不言自明。

参考文献

[1] 马丁·塞利格曼. 持续的幸福 [M]. 杭州：浙江人民出版社，2012.
[2] 克里斯托弗·彼得森. 积极心理学 [M]. 北京：群言出版社，2010.

5. 快乐生活：
教师的生活态度

教师的人生发展是有榜样效应的，某种意义上说教师的生活对全社会的人来说是一面镜子，当教师生活幸福、工作顺利的时候说明我们社会发展文明和谐。

最近有位老师在网上发来下面这段文字与我探讨职业生涯的问题和压力，他觉得非常迷茫和困惑。我想了很久，觉得这个问题真的不容易回答。我担任过八年的中学老师，现在在大学工作，对于如何成为一个好的教师有自己的思考，对所有的教师来说，想拥有幸福快乐的人生是需要用积极心理学的理论和方法来规划自己的人生的。

案 例

我担任教师工作已经十几年了，在中学教师岗位上越做越没有成就感，有太多的无力、无奈，看着自己教出来的学生们考取高一级学校还是蛮高兴的，但是每天重复又重复的工作实在乏味，无限多的作业、考题、备课、阅卷，处理不完的学生问题……还有强调考试高分，学生越来越难教，教师的责任越来越大，觉得力不从心，生活质量也越来越差。这样干下去是为了什么呢？这与当年当教师的初衷完全背道而驰，教师的人生就是这样的吗？

分 析

教师出现职业倦怠，生活就不快乐。教师在自己的岗位上总是以教书育人为目标和责任，只要学生有了成长和发展，教师理应觉得有成就感，然而现在即使有很多学生考入高一级学府就读，教师还是会出现职业倦怠。这与应试教育有直接关系，当我们把学生变成考试机器的时候，老师也被动地成为了考试机器。教师是学生的训练者，这架考试机器的好坏取决于教师训练的效率，当老师只注重考试能力提升的时候，教育教学活动本身就发生了变化，教师觉得这样的教学活动变成了机械乏味的工作，缺乏创造性和人情味。学生也不感兴趣，缺乏主观能动性，很难与老师的工作相配合。这就使得教育教学工作缺少良性循环，不会产生生命的共鸣。每天都是教学、作业、考试、阅卷、分数评点等等，教育教学工作失去了乐趣，教师在工作中感受到的是挫折和单调乏味，感受不到与学生一起学习时克服困难、突破难点的乐趣，学生被动学习或者厌学的情绪也会传染给老师，使得老师精神负担增加，工作中压力也相应增加了。显然，案例中老师提出的问题是我们的现实状况，有一些教师在工作上陷入了教师和学生消极情绪恶性循环的状态，教师自身资源耗竭了。

面对现行的高考制度，教师不可能改变现状，学生没有办法也只能去适应，但是高考作为选拔人才的方法和人才的培养并不矛盾，为什么在当下社会中这两者总是对立存在呢？问题出在培养人才的目标不是人才的成长，而是人才的评估，为了考试和评估而学习就背离教育的本质了。教师面对今天的高考和社会环境更需要智慧地处理自己的生活和工作，如果只是用简单的方式应对，既伤害了学生，也伤害了自己。

积极是人具有的重要特质，具有积极特质的人会表现出明显的积极心态。积极心态与个人处境有关，是指个人选择一个最能适应的环境、发挥了最高潜能的行为，是一个人把所有力量都运用到了极限而问心无悔的人生态度。每一个教师应该坚定自己的育人信念，充分发挥培养人才的功能，把自己的所有力量全部奉献给我们的教育事业。具有这样的人生态度的人在面对挑战和工作压力时才能够做到激情工作，快乐生活。美国密西根大学教授Barbara Fredrichson 研究发现积极情绪的扩展建构理论，可以解释积极情绪体验不仅可以反映人的幸福，而且有助于人的成长和发展。

消极情绪总是使人思维和行动范畴变窄，处于消极情绪状态下的人们总是只使用一种特定的自我防御的行为方式。过多的消极刺激会妨碍人的潜能发挥，人们会很习惯地运用自己的防御方式来保护自己，增加安全感。相反，积极情绪扩展个人的及时思维—行动范畴，这个范畴的扩展提供了建设可持续的个人资源的机会，而这又继续通过产生的积极的或适应性的情绪影响认知行为，形成螺旋式上升模式，为个人的成长和发展提供动能。

积极心理学研究发现欢乐或愉快是一种所有人都喜欢获得的情绪体验，这种积极情绪能够引发通过社交或智慧活动、艺术活动、完成游戏和进行创造的强烈愿望。欢乐情绪可以通过游戏强化社会支持网络，欢乐情绪可以激发创造，引导艺术和科学工作的进行，或创造性地解决日常生活的问题。

这种情绪扩展建构理论对教师的工作和生活有很大的启发。

教师的工作与生活应该是充满欢乐的，作为培养人的活动只有充满了快乐，才能持久，才能开发更多的潜力。榜样效应对于培养学生的学习精神是非常重要的。当学生看到老师每天都满怀激情地工作，他们会直观地了解到学习新的知识是一件充满欢乐的事情，即使遇到困难也值得付出更多的劳动来克服困难，获得更大的快乐体验。

积极情绪扩展建构理论模型告诉我们，积极情绪体验不是别人给予的，而是自己创造和努力追寻获得的。具有积极心态的老师能够在每天的教育教学活动中创造出许多积极的情绪体验，首先他们在认知上会以比较乐观的心态看到学生在教学活动中的积极方面，看到进步和未来的希望，也积极地组织各种教育教学活动，让自己的课堂、自己从事的教育教学活动丰富多彩。这样做会充满成就感和幸福感，这样的老师在工作和生活中会获得更多欢乐的积极情绪体验。积极心理学研究结果告诉我们："强化的社会支持、艺术和科技产品、成功解决问题的经验都是欢乐带来的相对持久的结果，并有助于个人的改变和发展。"教师的人生会因为这样的工作风格而发生显著改变。

在这样的工作状态下，学生也会感到满足，这种满足感也是一种积极情绪，"可以使我们产生审视自己生活状况的愿望，这样做的结果是我们可以用新的更积极的方式来看待我们自己和我们周围的世界，以及我们安排日常生活的方式。所有这些持续的新思考和新实践都可能引发更深层的积极情绪"。学生的内在的学习积极性被激发出来，与老师的激情工作形成良性循环，从而形成教师乐教、学生乐学的理想局面。

快乐生活的风格会给老师自己带来美好的幸福人生，这样的老师不依赖别人，且总能给周边的老师和学生带来欢乐，很多优秀的教师都具有这样的特点，仿佛他们永不疲倦，有用不完的热情和干劲，其实这类教师是在活动中让自己的能量得到不断补充，形成了良性的职业生涯发展模式。

应对策略

快乐生活，积极工作，是普通教师改变自己的重要途径，这样可以让自己逐步成长为一名充满成就感和幸福感、受人欢迎的教师。从积极心理学的角度来思考和规划自己的工作、生活和人生，运用积极心理学的方法面对和处理遇到的挑战；常怀感恩之心，感谢曾经给我们关爱、帮助和支持的人，给他们写感谢信，当面表达感谢，牢记值得自己感谢的人和事，这样我们自己的内心将充满能量，具有应对各种挑战的能力。同时我们还需要做到以下五个方面：

第一，积极、有规律地锻炼身体。现代社会人群中抑郁指数比较高的人有很多。积极心理学研究发现，体育锻炼对 70% 抑郁症状的人具有显著疗效。如果老师能有规律地进行体育锻炼，就会使自己精力充沛，免疫力提高，心情开朗，远离抑郁情绪，抗压能力也会相应提升。

第二，保持规律而充足的睡眠。睡眠对于每个人都非常重要，保持健康的身体、充沛的精力，规律而充足的睡眠是不可或缺的。有很多年轻人自恃年轻、精力旺盛，经常透支睡眠，缺少睡眠恰恰是现代人的一个重要的压力源。睡眠不足、连续疲劳会损害健康，睡眠不足引起的慢性伤害要恢复起来也比较缓慢。

第三，保持稳定的友谊。由于现代社会节奏的加快，人际交往的行为模式完全不同于传统社会，每天忙碌的工作使我们忽略了长期的友谊的建设，使我们在不知不觉中丧失自己的支持资源。保持良好的友谊会使我们的生命得到更多滋养。良好的人际环境，是我们获得积极情绪体验的重要途径。

第四，经常与好友聚会。适时与好友聚会，是释放压力，缓解焦虑，感受生活幸福快乐的一个有效方式。把我们自己的欢乐与好友分享，我们的欢乐体验就更强；当我们能够把我们的烦恼与朋友分享，烦恼就少了一半。有朋友的理解和支持，我们将会更加明显地感受到生命的价值和工作生活的意义。

第五，为自己认定的有价值的目标努力工作。我们要牢记自己的目标，在工作和生活中把自己最优秀的个性力量表现出来，努力工作，实现目标，人生将充满成就感与幸福感。

6. 心理健康：
教师的人格魅力

具有人格魅力的老师是如何培训出来的？作为在大学工作了很多年的教师，我对此有很多思考和观察：心理健康是魅力人格的基础，如果心理不健康，是不可能成为受学生、家长和同事欢迎的教师。

我在大学担任心理咨询师的工作已经有20年了，在这期间有许多学生接受过我的咨询和治疗并取得了良好的效果，也有一些同学虽然做了许多次的咨询，陪伴她／他走过了大学阶段，但是在毕业的时候还是让人牵肠挂肚，因此我有一个习惯，每当出差到一个城市，会回访一下曾经咨询过我的同学，或在电话里聊几句，或见面谈一谈，也有一起吃顿饭的。最近有一个曾经的学生在远方的城市担任教师工作，我因参与国际学术会议而到达她所工作的城市，因此有了一个有趣的故事，姑且作为一个案例与老师们分享。

案 例

A大学毕业后读研，硕士毕业后任某校老师，我们师生分别五六年后第一次见面，在交谈中，A跟我诉苦："现在的领导不喜欢我，我虽然努力工作，但是得不到领导的认可。学生也不喜欢我的课，有一次一个学生甚至直接告状到领导那里，让我非常不爽。"而领导找她谈话，言下之意是合同期满之后就不会再续签合同了。A感觉很不好，她说：

> "怎么会这样呢，我做错了什么？""我不愿意与异性领导打交道，从小就这样，是我有问题吗？""最近，男朋友也跟我分手了，说我难打交道了，我真的有问题吗？"

分析

A 的一连串提问，让我了解到她有许多可以避免发生，或者发生了也可以处理的问题。虽然她大学毕业已经五年多了，但是还是有许多成长问题没有解决。A 在大学期间的心理咨询持续了两年，后来考取了研究生，作为大学心理咨询师陪伴学生安全度过大学生活的责任应该说是完成了，但是，来访者的自身问题却还没有解决。

A 出生于一个重男轻女的家庭，她非常努力地学习想要得到父亲的认可，但是父亲一直没能给予肯定。虽然她考上大学之后她父亲对她的态度有了很大的改变，但是人生成长的关键期——12 周岁之前——缺少父爱，生活在充满偏见与冷漠的环境之中，因而受到很深的伤害。在大学期间她表现出自卑，缺少安全感，虽然她的学习能力比较强，但是在人际交往方面存在比较大的障碍。在咨询期间，她从咨询师这里得到了帮助，社会交际能力有了很大的进步，但是面对恋爱、婚姻和自己的工作，还是有很多的挑战和困惑，因此她仍然需要咨询师的帮助才能够得到更好的成长。

影响心理健康的因素很多，客体关系是其中之一。客体关系理论认为人在成长过程中，早期的亲密关系对人格特征的形成有较大的影响。父母是每个人生命的重要客体，与父母的亲密关系的性质对于人格特征的形成具有重大影响。由于教师在学生成长过程中具有特殊作用，即师生关系有可能成为学生的不良客体关系的修复和补充，所以教师自身成长历程中的客体关系是非常重要的，这方面的问题不解决不利于良好师生关系的建立，也不利于同事关系的和谐。

有研究发现，婴儿期建立的依恋模式会在成人之后的恋爱关系中体现出来，一直拥有安全依恋关系的人在成年之后，人际关系和亲密关系都将比较稳定。有关成人的安全依恋模式研究结果有这样几种结论：在共同解决问题的任务中给予伙伴更大的支持；面对压力时体验到较少的失落感；当需要时更倾向于去寻找他人的帮助；在冲突中更容易寻求解决方法；不太容易落入抑郁状态；有良好的自尊；很少会虐待配偶；更倾向于进行安全的性行为；离婚的几率较小。

那么如果在成长经历中没有形成安全的依恋关系，是不是就一定很糟糕呢？也未必，因为安全性依恋关系可以通过后天学习获得，也可以在与其他成人的积极安全的关系中修复，这就是说在成人后的情感体验中能够得到积极的改善。

积极心理学比较重视人成长过程中的积极关系的建立，就是在亲密关系中获得了积极体验，得到了爱的感觉和幸福感，将会成为人生发展的重要动力。因此学生在学校期间建立起来的安全稳定的师生关系和同学关系对于学生的健康成长非常有价值，教师在这个过程中有可能成为学生生命中重要的客体，师生关系处理好了，变成积极稳定的安全性依恋关系，可以帮助修复学生由于消极依恋关系导致的心理问题（退缩、多疑、矛盾），反之将可能对学生造成再次伤害。

在咨询过程中，咨询师与来访者建立起来的这种安全性依恋关系可以替代满足从前成长经历中的不足，达到治疗效果，这是心理咨询达到治疗功效的重要途径。

案例中的A在读书期间接受心理咨询想解决的是她的人际关系问题，她缺乏自信，交往过程中总是担心自己成为受害者，觉得别人（同学和老师）总是看不起自己，对自己抱有成见，甚至努力学习拿到二等或三等奖学金了，还觉得自己不够好，被人看不起。这就是典型的由于早期亲子关系中不安全的依恋关系导致的心理问题。她生长在一个重男轻女的家庭，父亲因为她的出生——是女儿不是儿子——感到非常的没有面子，甚至认为是一种耻辱，爷爷奶奶也是这样想的。这孩子从小努力学习想得到父亲的认可，哪怕后来她的父亲已经对女儿的优秀表现很满意了，改变了对她的成见，但是她早期的心理创伤——没有得到父爱这种安全的依恋关系——使得她的人际交往关系出现了问题。因为这种早期的爱的缺失造成的伤害隐藏在人的潜意识之中，要取得良好的治疗效果需要比较长的时间。当她走进咨询室，与心理咨询师建立了良好的咨询关系之后，她获得了能量，使得她安全度过大学四年，并以良好的成绩考取了硕士研究生。这些成绩的取得并不能弥补她早期因缺乏安全的依恋关系造成的心理创伤，她的人格特征因为这种创伤而被扭曲，因此当她独自面对工作压力的时候，问题又出现了。

从上面的分析中可以看出，良好的关系，包括亲子关系和其他重要的人际关系，是人成长的重要资源。好老师应该能够为学生提供良好的关系资源。如果教师在自己的成长过程中有心理问题没有修复或没有被发现而带到了工作中，就会给自己造成更大的困扰，也会给学生或者同事和领导增加麻烦，更不用说与学生建立良好的关系，给学生一个很好的学习环境了。或者换个角度说，这样的人也许就不适合做老师。

A还告诉我，她害怕与男同事和领导打交道，有时男同事或男性领导有意或无意地碰了她的身体，她就会非常生气，甚至会当场给人一个耳光，这使得她与领导、同事的关系很僵。这显然是她的交往方式有问题。如何适当地保护自己、如何与异性保持适当的安全距离都是她需要重新学习的课题。

应对策略

教师自身心理健康，是形成人格魅力的基础，需要较长时间的自我修炼。教师自身的问题常常会成为自己工作和生活中的障碍，积极主动地寻求帮助是解决问题的唯一有效途径。积极主动寻求帮助的方法有很多，以下逐一介绍。

第一，自我调节，建立积极的关系资源，修复和提升自己。我们的关系资源永远是我们成长发展的动力源,我们需要找到这样的资源。最重要的关系资源通常来自家人,比如父母、爷爷奶奶或外公外婆,也有舅舅、伯伯,或姑姑、阿姨等。对这些资源的重温与思考有利于自我理解与重建。有需要,还可在现实生活中寻找可能的新的资源,获得关心、理解和支持。

第二,建立良好的人际关系,主动寻找朋友或家人的支持和帮助。家人朋友对自己比较了解,所以寻找帮助的时候要重新思考这种关系,让家人和朋友表达对你的认识和看法,说出你的变化和进步,特别是重要的家人如父母曾经对自己的不良评价改变了,给的都是积极肯定的评价,你会获得一些意外的收获,也许可以冰释当年郁积于心中的不良感觉。

第三,寻求专业支持。寻求优秀心理咨询师的帮助,这是现代人科学解决自己成长问题的方法。心理咨询师的工作是"助人自助",心理咨询师是运用专业的科学方法帮助人们达到可以自我面对和解决自己问题的程度。案例中的 A 后来去当地最资深的心理咨询师处继续接受帮助,她接触后自我感觉很好,愿意保持长期的咨询关系。她的咨询师将成为她的重要支持者,这样 A 将更容易面对自己的压力和挑战。

第四,寻找适合自己的工作环境,了解自己的特点,扬长避短。A 能顺利读完硕士很重要的原因是她选择了一位女教授担任导师,如果是一位男性教授,可能她硕士学业难以完成,因为她不善于与男性权威打交道。因此,了解自己擅长或不擅长什么是非常重要的,要学会把自己置于一个比较容易应对的环境。我们不能对自己要求完美,要承认自己有弱项,尽力在一个合适的环境中和合适的岗位上把自己最好的才能表现出来,取得自己能够取得的最好成绩,这就非常了不起了。懂得选择适合自己的工作环境和工作岗位的人是富有生存智慧的。

7. 陪伴成长：
师生关系的教育功效

良好的师生关系是取得教育效果的基础，师生关系在学生成长过程中具有陪伴功效。陪伴学生成长是不容易的事情，健康的师生关系是积极的，能够促进学生成长的。现在却存在很多不健康的师生关系，这会给学生带来很多负面影响。在实践中有很多老师存在这方面的困惑，他们正努力地探索解决问题的办法。如果从积极心理学的角度来看这些问题，可能有一些新的理解。

案 例

作为一名小学美术老师，我一直有疑惑，为什么在我们这些专业课（以前把音乐、体育、美术叫"小三门"，现在换了个好听的名字叫专业课）上课时，课堂纪律这么差，学生不专心听讲，随便讲话，甚至还有人随意走动。我也和其他专业课老师讨论过，大家都有同样的困惑。

后来我在担任低年级教学时，在课堂里做了调查，因为低年级的孩子的回答比高年级的孩子更真实。小朋友倒确实是回答得很直接：因为副课的老师不会叫爸爸妈妈来学校；因为副课的老师不会留我们下来；因为你不凶……

分 析

案例中的现象可能在许多学校中已经司空见惯，甚至有些老师已经熟视无睹了，因为这种问题似乎是无法解决的。美术课因为是副课，所以课堂纪律差点无所谓。副课的概念从何而来，是由考试的指挥棒决定的，是老师亲自告诉学生的：语数外的考试成绩是学习的目标，而其他课程的考试就不那么重要了，学生就产生了自己的理解，这些"副课"不必认真学。不认真学的直接后果就是上课时不遵守课堂纪律，不尊重副课的老师。由于过度抓知识教育、抓考试而忽略了学生的全面发展，这对学生成长会产生消极影响，这是一个教育失误。

在这样的课程中，师生互动方式值得我们关注：只有考试受到重视的课程才需要认真学习，因为分数很重要，教师因此也更受尊重，否则就相反。至于学生在这个过程中如何学做人，如何养成良好的习惯，如何保持积极的学习心态等等都被忽略了。

案例中的老师通过调查发现孩子不遵守课堂纪律和不尊重副课老师的原因有：副课老师"不叫父母来学校"、"不会留我们下来"、"不凶"，所以这样的老师就可以不尊重。深层次的原因是，学生尊重人和守规矩是被迫的，尊重老师和守校纪校规也是被迫的，都不是出于学生自己发展的需要，也不是内心善良美好的表现，因为孩子内在的需要和动机没有被教育者所关注，学生自身的成长课题被边缘化了（即考试重要而学生本身不重要了），表现出来的结果是副课老师被边缘化了。这是我们老师在教育学生的过程中有意无意地制造的障碍，影响了学生的健康成长。这个问题不是个别学科的问题，而是教书育人的根本目标能否实现的问题。

积极心理学的资料中尚没有看到有关师生关系的研究，积极心理学主要对家庭亲密关系有研究，这些研究成果也对我们理解师生关系有所启发。家庭亲密关系的建立需要五个因素：了解与被了解、归因、接纳与尊重、互惠、长期和持续。无论是在夫妻之间还是在亲子之间这五个因素都很重要,关系到亲密关系的质量。在夫妻之间,从恋爱开始就不断地通过交流相互了解,对于彼此的行为表现有了自己的解释,开始接纳和尊重对方,相互支持、帮助和爱慕,在相当长时间下保持这种关系,于是亲密关系就很好了。当遇到问题的时候冲突会出现在接纳与尊重方面,而根源往往在于之前的了解和归因等没有解决好。认知出现偏差,行为表现就不能接纳,相互尊重也就难以做到了。亲子关系也相类似,因为孩子在成长过程中早期的时候自我意识尚未形成,还不能表达自己的主张,但是到了小学,特别是到了青春期的时候,他们与父母之间的亲密关系也必然在五要素基础上建设,才更有利于成长。

那么师生关系呢?研究发现五个要素影响师生关系的质量:学生与教师之间彼此的理解、学生的解释风格、学生和老师彼此的接纳和相互尊重、彼此之间的互惠关系体验,这样的关系可以持续的时间。今天以应试为主的教育活动给学生带来太多的挫折和消极刺激,让师生关系走向了消极,这就给学生成长制造出了一个本不该有的障碍。

接纳与尊重,是建立师生关系的重要因素,也是积极心理学在谈到关系时所强调的重要概念。人本主义心理学强调对人的无条件接纳,就是说老师在对待学生时,要对学生的所有情况都表示理解和接受。而尊重意味着老师要在接纳的基础上爱护学生,为学生创设一个安全温暖的氛围,让学生充分地表达自己,获得自我价值感。这就要求教师做到:完整地接纳学生(包括他的优点和缺点),以真诚为基础,但不是无原则地迁就,同时要一视同仁、以礼相待,相互信任,保护学生的自尊和隐私等。

在上面的案例中,老师就遇到了挑战。接纳和尊重学生不容易做到,却是解决学生问题的关键入口,老师只有从接纳这样的现状开始,在理解了孩子们的想法之后,才能找到有效的方法激发他们内在的向善性和学习动力。

教师有自己的思维定势和权威感,习惯于用简单的命令式或教训式的方法解决问题。同时现在的教师工作也很辛苦,事情繁杂,常常自己的心情不佳，就对学生没有耐心，不能倾听学生说话，难以做到平等交流，更不能接纳表现异常的学生，这样不仅达不到预期目的，反而会走向反面，导致师生关系紧张，教育没有效果，最后即便学生被"制服"，也是口服心不服，学生对学习本身失去兴趣，内在的需求被忽视。查询众多教育失败的案例，其失败的起点大多数是从师生关系方面出问题开始。

建立积极师生关系，教师应居于主导地位。当学生告别父母来到学校，他们对教师心存许多期待，用精神分析的观点来说，学生比较容易产生移情反应，就是会把老师当成自己的父母或想象成父母一样的人，这样教师说话做事对学生的影响力就会被学生自己放大。有很多中小学教师有这样的体验，觉得自己比学生的亲生父母有更大的影响力。建立积极的师生关系包含以下一些要素：

首先，教师要能够做到无条件接纳每一个学生。每个老师的学生观和价值判断会对教师处理师生关系产生直接的影响。俗话说"漂亮的孩子人人喜欢"，而那种不漂亮的、行为表现不佳的孩子，教师也应接纳他们，甚至要对他们表达更多的爱，这样才能够建立良好的师生关系，有效地帮助他们成长和发展。当教师面对单亲家庭的孩子、遭受过挫折的孩子，以及有各种问题行为的孩子时，这种无条件的接纳，毫无歧视的对待，是建立积极师生关系的基础，有了这个基础别的问题都比较容易解决。

其次，尊重温暖每一个学生。教师在班级里应该平等对待每一个学生，绝不偏心，尤其是对表现不佳的孩子，要尊重他的想法和需要，同时又能够机智灵活地严格要求，原则问题不让步。有些孩子的问题行为本身就是为了吸引老师注意，当老师给予足够的接纳、关注和尊重的时候，学生则比较容易与老师亲近，信任老师，对他们产生移情反应，把这样的老师想象成自己生活中的父母或者理想中的父母，他们就会因此而比较遵守教师的要求和学校的规章制度。当然也有少数人会因此而更加随意，这会反映出孩子在家庭亲子关系中存在的问题，老师也可以帮助纠正。作为教师，始终肩负教育培养学生的重任，所做的每件事都应该指向这样的目标。

再次，聚焦于学生积极正向的方面。首先看到学生的积极面，并把这方面的内容表述出来，然后在指出缺点的时候，要以学生可接受的方式，不伤其自尊。发现学生取得进步后要及时肯定，并且让其他人也知道，提升学生的自尊和成就感。很多老师觉得这样做有困难，其根本原因仍然出在上一点（接纳和尊重）没有做好，如果做到了，这样做就比较容易。

最后，与学生互动交流直接对话。这一点可能会有人不理解，以为老师们与学生说话就是直接对话了。其实不然，如果老师不听学生说话，一味地灌输，老师与学生就没有形成直接对话，思想的沟通交流不到位，教师不知道学生内心的想法，讲述的道理不容易被学生理解、接受和消化。虽然说理、教育是必要的，但是缺乏直接的沟通交流，单纯的灌输教育将会显得苍白无力，教育效果会越来越差。

此外，要注意的是教师与学生的互动交流不是一两次就可以奏效的，需要一定的时间和过程。有些老师学习这样的方法之后尝试一两次没有看到明显效果就放弃了，这样是不可能体验到成功的。

应对策略

针对案例中出现的情况，作为一名副课老师可以有更积极的解决办法。教师首先要改变自己的消极心态，要坚定地认为——不论任何课程都可以给学生带来幸福快乐和人生智慧，都可以帮助学生开发潜力，只是课程设置不同而已。教师可以根据自己的课程特色和积极心理学的思想开展教学，建立积极的师生关系，以此为切入点一定会有所改观。

面对调皮的孩子，我们要调整自己的思维，聚焦于学生的积极特征，给予及时的鼓励和肯定，以这样的方式来减少学生的问题行为。每一个学生都很聪明，会根据教师教育方式的改变而作出自己的回应，他们能够作出适当的选择。具体来说老师要注意以下几点：

首先做到了解学生，同时也让学生了解老师，让学生知道老师喜欢和欣赏他们，也知道老师会生气、会难受，但是老师可以和他们一起快乐、一起分享成功的体会和经验。

其次要让学生知道每一个课堂都有其存在的意义和价值，对于自己的人生是有积极影响的，也是很有趣的，在人生的不同发展阶段，不同的课程将发挥不同的作用。

第三是让学生知道老师的底线在哪里，懂得遵守原则，如果触犯了底线大家都不快乐。更要让学生明白，他们是好学生，不需要老师凶也可以管好自己，遵守纪律。如果学生行为表现不好一定是有原因的，我们一起找原因，解决问题。

最后引导学生对课程产生兴趣，投入其中，产生沉浸体验，获得成功和快乐。

8. 润物无声：
教师的影响力

润物无声是教书育人的一种境界，有很多老师在这方面有成功的探索，并取得了良好的效果。在国家"十二五"重点规划课题新教育实验活动中，小学的读写绘课程①颇受师生欢迎。这样的课程具有什么样的特点和效果？为什么能够受到师生的欢迎？对此我们很感兴趣，我们从绘画心理治疗的视角，对读写绘课程对学生的影响进行了实质性研究，从中得到了新的发现和启示。

---- 案　例 ----

海门市的许多学校开展了读写绘课程，其中一位美术老师叶宇红进行"童心童画"实践活动很多年。她把美术课与学生的生活、社会和个人发展紧密联系在一起。她把美术课做成了读写绘的课程：对低年级学生——画画说说，让交流与对话成趣；对中年级的学生——画画写写，让生动与美丽定格；对高年级的学生——画画作文，让展示与分享并存。而且这位老师非常有心，把学生从一年级到六年级的作品全部

---

① 读写绘就是老师给孩子读绘本故事，孩子将故事进行复述或改编再配画，由爸爸妈妈记录在图画旁。这种整合了图画、语言、文字的写绘作品，再加上老师和学生，家长和孩子之间的互动，成为了一种新型的读写绘教学方式。

> 保存好，从这些学生稚嫩的美术作业中就可以看到学生的成长过程。慢慢的，这位老师成为学校中最受学生欢迎的老师，后来还被提拔为副校长、校长。同样是美术老师，为什么这位美术老师对学生会有这么大的影响，学生们为什么都喜欢她呢？这是一个很值得研究的现象。

分析

绘画疗法是治疗师以患者创作的绘画为中介，对患者的情绪障碍、创伤体验等心理问题进行分析和治疗。京都大学名誉教授、日本游戏疗法学会会长山中康裕认为，绘画疗法可以使一些语言表达困难的意象、情感、梦和潜意识等表达出来，可以使自我表达变得比较容易，能够促进自我表达，使认识、思考、感觉、自觉自如地进行，有利于自我洞察和自我整合[①]。绘画作为一种心理治疗方法有其独特作用，不仅可以处理人们的情绪和心理创伤问题，而且可以使心理障碍患者的自我形象、自尊或自我概念、社交技能等得到提升，促进其语言的发展与认知功能的改善。

国内的相关研究也有类似的结论。张晓涧提出，美术教育作为一种文化环境要素，对儿童美术心理的发生发展具有决定性的作用，不仅能促进儿童美术特殊能力的发展，同时也促进儿童情感、人格的成熟[②]。周丽认为，绘画作为情感表达的工具，能够反映出人们内在的、潜意识层面的信息，将潜意识的内容视觉化。绘画疗法可以使患者通过正当的方式安全地释放毁灭性能量，使患者的焦虑得到缓解，心灵得到提升[③]。因此，绘画疗法认为，在处理

---

① 山中康裕. 沙游疗法与表现疗法 [M]. 台北：心灵工坊，2004：112.
② 张晓涧. 儿童美术心理研究的发展及其对儿童美术教育的启示 [J]. 学前教育研究，2011（04）：21-26.
③ 周丽. 关于"绘画心理疗法"独特作用的综述 [J]. 江苏社会科学，2006（S1）：61-63.

以情绪困扰为主要症状的心理问题时言语就显得无能为力了，而同属右半球控制的绘画艺术活动可以影响和治疗患者的情绪机能障碍。

概括起来说，绘画治疗的功效主要表现在以下四个方面：参与观察（participate in observation）；行动化（action out）、迁移（transfer）和解释（explanation）；表达和叙述（expression and narrative）；作为"第三者"——作品（act as "the third party"——the works）。绘画疗法是艺术治疗的一种，美国心理学家沙利文认为艺术疗法的有效性就是参与观察，这个观点得到了精神医学界的广泛认可。绘画作品是参与观察中的最单纯同时也是最可靠的东西。[1]它使得交往者沟通思想有了一个客观的底版，有了作品的参与观察，咨询师更容易理解作者（来访者）。

绘画治疗过程中，学生的行动因为有具体媒介如绘画作品的参与而变得缓和了。学生在创作过程中仅做一些象征性的行为，他们的情绪就得到了表达或宣泄。再糟糕的作品也是作者无意识的流露，也能够向老师传达一种信息，需要帮助或制止某些行为。这里包含着"迁移"现象，迁移具有行动色彩，迁移后的行动则更加缓和。当作品呈现出来之后，作品本身不需要解释，而解释的有效性90%取决于解释的时机，教师能否把握这样的时机需要临床实践经验的积累。艺术疗法的神奇在于它不仅是表达，还是叙说，这不仅是围绕创作引起的话题，还能引起直接的叙说。师生之间由于有了一个作品——第三者，使得沟通变得更加容易、轻松。对问题学生来说，建立良好的关系比解释更加重要。

绘画疗法可以使心理治疗常态化，即可以在人们的日常生活情境中开展。研究还发现绘画心理治疗能够促进认知和语言的发展。因为绘画活动是一个复杂的活动，它包括大脑若干区域协同工作的过程。

我们在叶宇红老师曾经教过的学生中随机抽取了10人，对其中9人进行访谈。这9位学生在小学一年级到六年级期间，叶宇红老师每周教他们两

---

[1] 山中康裕，饭森真喜雄等.艺术疗法[M].吉沅洪，等译.南京：江苏教育出版社，2010.

节美术课，访谈时他们上初中二年级了。

根据质性研究的要求，我们设计了五个问题，把每个同学的回答进行录音整理、聚焦编码，再加以分析。问题和结果如下：

问题一：谈谈小学美术课上印象最深刻的事情。

有3个学生说是画画时的自由创作和发挥；其次是对老师组织的一些活动印象深刻，比如户外写生、听音乐作画、画情绪、画配文、课堂互动、老师指导。画画时自由创作和发挥能带给他们一种畅快、自由表达想法的感觉，同学们有了一个自由抒发情绪情感的渠道。小学生一般都很喜欢户外活动。叶老师很用心地组织了各种活动，带他们出去写生，组织各种形式的画画方式，比如集体作画、在瓦片上画画、在石头上画画，很受同学们的欢迎。叶老师对待学生十分亲切，学生很愿意接受叶老师的指导，学生感觉到自己的画作因为指点和修改变得更加完美。

问题二：谈谈对画配文的理解。

画配文是指在画画的时候配上一段文字，绘图说话。同学们认为画配文有趣、生动、诗意、可爱。画配文是绘画和文字的结合，画画时写上文字，一是可以培养自己的文采，二是可以更清晰地表达自己的画作中的情感和含义。有位同学说，自己在画画时，不知道自己想要画的是什么，在写完文字之后，对自己的思想情感有了一个更清晰的认识，之后再去完善自己的画作。看来这是一个相辅相成的过程，绘画是将潜意识的内容视觉化，文字则把潜意识中的内容提升到意识层面，这有利于同学们更清楚地感知自己的情感、思想和认识。

问题三：美术课给同学们的情感、思想、行为带来什么影响？

画画可以让人心情平静、愉悦、快乐、放松，还可以丰富情感、陶冶情操。同学们说，当做语数外科目的题目累了时，画画就觉得很放松；当心情烦闷时，画画可以让心情平静下来；闲极无聊时，画画可以给自己找乐子；发现生活中的美好的事或者人时，画下来，很开心；想向别人表达自己的情绪和想法时，用画画去表达很舒畅。

画画可以让人思想开阔、考虑全面深入、关注细节，同时也提升审美能力、创造力、领悟能力，使思维更敏捷。经常画画的同学，在配色、布局、看事物的角度上，审美能力都有所提高。画画本身就是一种创造性的活动，加上叶老师经常鼓励同学们要创新，要有自己独特的想法，所以大家的创造力也得到了提升。有两个同学提到，叶老师经常给他们讲解名人名画，经常给予指点，让他们增长了见识，思维更开阔。

在美术课上同学们学会了要勤奋认真、坚持努力。喜欢上画画后，他们变得自信开朗，人际关系也变好了。勤奋认真、坚持努力、自信开朗都是优秀的性格品质，有利于学生以后的发展。在访谈中，学生都谈到了自己因为画画变得更自信，他们也因此更愿意花时间在画画上。叶老师经常称赞他们的画，还经常鼓励他们去参加画展和各种比赛。

另外，在叶老师任教的学校里，我们也观察到，学校里的教室墙壁、走廊墙壁，都满满地贴着同学们创作的画作。这些学生都还能找到自己五六年前的美术作业。看着自己的画被贴在墙上，给大家欣赏，让他们有一种被关注被喜爱的感觉。

问题四：在小学阶段有什么优缺点，现在发生了哪些变化？

同学们共同反映，在性格方面，现在变得更加活泼、开朗、大胆、细心、专注、坚持、沉稳。在待人处世方面，变得友善、宽容，理解父母，考虑他人，人际关系变好。其他方面，变得更成熟，思考更多，更关注细节等。这个问题关注的是同学们在成长中的变化。

在这里我们可以看出，有很多的变化是上一个问题已提到的，也就是画画给他们带来的影响和变化。画画对他们的性格品质、思维方式都有较大影响。

问题五：谈谈你对美术老师的看法。

在回答这个问题时，每一个学生都是发自内心地说叶老师是个好老师，很喜欢叶老师。叶老师的教学方法多样，授课耐心细致，而且寓教于画，把为人处世的道理教给学生，还组织丰富多彩的教学活动，培养学生画画的兴趣。叶老师让学生们感觉亲切、热情、耐心、优雅、细致、善良、认真，给予学生们肯定和鼓励，让他们喜欢上画画，让他们变得自信，让他们学会坚持和努力。

从访谈中，我们可以很明显地感受到读写绘课程对小学生情绪情感和思维模式的影响。同学们整体的变化都是积极向上的，情绪情感更加愉悦平静；思维模式上注重整体思考又不忘关注细节，创造力和审美能力得到提升；人际关系更好，会宽容他人。

应对策略

叶老师在教育教学中做到了润物无声的境界，不管什么样的学生，在她的课堂上都可以投入地参与其中，通过读、写、绘，表达自己的所思所想、所见所闻。这样的读写绘课程给同学们带来积极的变化，也带给我们很多启示。教师可以运用自己的学科知识技能把学生充分带动起来，以学科的独特视角观察生活、社会，充分发掘学生的潜能，影响学生人生发展。这样的教育教学有以下特点可供教师参考：

第一，让学生积极参与到读写绘的课程中，自由地表达想法。这样的课程给他们带来了愉快酣畅的感觉，几年后的回忆还是那样的美好，教学内容融化成了学生的精神财富。

第二，这样的课程不仅让学生自由地表达情绪情感，也让他们更好地认识和了解自己，消解消极情绪，自信、勇敢、爱与被爱等积极情绪得到了整合和提升，陶冶了情操。

第三，读写绘的课程让师生关系、同学关系更融洽，成长在交往和娱乐中完成。

第四，老师对学生的爱、包容、信任和支持，是取得良好的教学效果、建立良好课堂氛围、和谐师生关系的基础，老师的魅力在读写绘课程中得到了很好的展示。

以上只是新教育实验中众多老师开展读写绘教学改革的一个例证，可以说美术老师叶宇红指导的读写绘课程，对于学生健康成长具有良好的促进作用。叶老师的经验给我们的启示是：教师影响学生是在一系列活动之中完成的，教师的影响力在于能在每次课堂、每次活动、每次与学生交谈时都充分发现学生的优点、进步，发现学生的善意、正念和创造力，并及时加以引导培养，最终使学生走向属于他的幸福彼岸。这个过程就是润物无声的过程，这样的教学就进入了良好的境界。

（感谢叶宇红老师为本文写作提供资料和调研时给予的帮助。）

9. 生命同构：
教师的生命诠释

教师和学生在课堂、校园相遇，能不能产生生命的共鸣，教师能不能对学生未来的人生产生积极的影响，关系到教育能否成功。在网络普及的今天，人与人的关系在逐渐发生着微妙的变化，首先是联络方式的改变，过去写信、打电话，如今发QQ、发微信。现代社会出现了联络方式越便捷、人际关系越疏离，学习途径越多，学生的学习兴趣、动机越寡淡的让人困扰的局面。在这样的背景下，师生生命的意义如何解读成为师生共同面对的命题。

案　例

案例一　有一个学生在初二时一直稳居班里第一，可到了初三不知什么原因，成绩一下子降到了班里的二十几名，上课也不像以前那样专注了，偶尔还会逃课。我找班上其他同学了解情况，得知这位学霸厌学的原因是不喜欢他的班主任，不喜欢班主任的管理方式。而班上还有几个同学也出现成绩下滑的现象，只是没有那么严重，而他们的班主任却完全不了解这个情况。

案例二　祝某当年以前一百名的成绩考入某重点中学。初一时，被高年级的同学暴打一顿后，祝某找了另外一些高年级的同学帮他"报仇"。

不料这些高年级的学生非但没有如约帮他"报仇",反而此后隔三岔五问他要钱,威胁勒索他。有一次,正好被祝某的班主任看见他和高年级学生在一起,班主任便认为祝某不学好,批评教训了他几句,还随手打了几下。从此之后,祝某的成绩一落千丈,从班级前几名下降到几十名,最后甚至成了班里的倒数。后来祝某又和班主任因为一些小事起了几次冲突。初三时因为班主任指着他对班里的女生说:"你怎么能和这样的人渣混在一起?"祝某忍不住就和班主任动了手。因为这次打架事件,祝某所在的重点中学作出决定,他被勒令退学。就这样,一个曾经成绩优异、名列前茅的好学生,变成了被学校退学的"坏"孩子。

案例三 据小学班主任和任课老师反映,宋小迪非常调皮捣蛋,曾在五年级就公开宣布喜欢某女生,是一个很让老师头疼的学生。刚进入初中时,他依然有许多坏习惯,比如集队时大声喧哗,老师讲话时随意插嘴,经常对同学搞些小恶作剧等等。后来,他又做了一件令人不能容忍的事,为了惩罚与他的好哥们张林住在一起的邻班同学颜晨,他们竟然在颜晨的牙刷上沾上大便再洗干净,又骗颜晨刷牙。此事引起公愤,闹到了学校德育处,好多老师要求处分他⋯⋯这样的学生遇到了一位善于动脑筋、能潜心研究学生、喜欢写教学日记的老师,学校没有轻率地下达处分决定,而是要求宋小迪的班主任吴樱花老师把她日记中有关宋小迪的部分复印给宋小迪看。那厚厚的六本日记,改变了宋小迪的一生。

中考成绩揭晓了:宋小迪考了660分(满分685),全市超过650分的只有7人,宋小迪不仅考出了全校第一名的成绩,而且是全市第一名。这样的成绩令很多老师和同学不敢相信。

分 析

案例一中的男生,"不喜欢班主任,不喜欢班主任的管理方式",明确地表达了学生对老师的情感反应。心理学告诉我们,情绪具有动力作用,消极的情感会引起消极的后果,积极的情感会引起积极的后果。同一个班的学生已经有几个人因为不喜欢班主任及其管理方式而导致学习成绩下降的时候,"班主任还不知道这个情况",可见师生间的关系比较疏远。学生如果对自己的学业和前途都不关心了,对逃课这种纪律问题就更不会介意了。"亲其师,信其道",如果学生因为一些因素干扰不但对老师不能"亲",甚至还"厌",怎么可能有良好的教育效果呢?

学生因为年龄小、心理不成熟等原因,行为举止难免有偏颇之处,这个时候正需要老师发挥积极引导作用,但在这个案例中,师生情感的疏离和对立使得教师没能及时掌握学生状况,就更谈不上指导了。

案例二中的班主任,在没有了解事情来龙去脉的情况下便认定祝某不学好,无疑会让祝某感到不公正和委屈。据调查,在学生的眼里,公正客观被视为理想教师最重要的品质之一。班主任不但没有调查事情经过,反而"将他批评了一顿,还打了他几下",到后来还对班里的女生说"你怎么能和这样的人渣混在一起",这种伤及学生自尊心、人格尊严的话,导致学生跟老师动手,最后学生被逐出校门。客观地说,这不仅是学生的失败,也是教师的失败。

学生来学校学习,就是来受教育的,但教育学生不等同于打骂学生。一来在人格上师生是平等的,教师没有随意打骂学生的特权,打骂学生更不应该是教育手段;二来发展心理学的原理告诉我们,初中生正处在青春期,是自我意识飞速发展的时期,他们对很多事情都有自己的看法,希望自己得到尊重,有着比较强的自尊心,所以如果是教师的教育手段不当而伤及了学生的自尊心甚至人格尊严,那么师生关系破裂的原因显然也不应该单方面地由学生来承担。很多时候，囿于教师的权威和自身的能力限制，学生没有机会充分地解释、表达，再加上教师在和学生相处时缺乏爱心、耐心，沟通方式简单粗暴，由此定下了紧张的师生关系的基调。案例二中的师生关系就是这样一步步恶化的。

案例三中的宋小迪也是正处于发展心理学上所谓"狂飙期"的孩子，是在家庭中受到宠溺的独生子；他在思想上更少受压抑，更敢于表达，表达也以自我为中心；身体发育和性成熟比以前的学生早，于是所谓的"早恋"现象在小学里就出现了……这样的学生表面上看来是非常难以转化的，因为他们不是那种对老师唯唯诺诺的学生，他们有自己的想法，反应快，有智商优势，和这样的学生打交道需要的不仅是教师的专业技能，更需要教师的真诚，因为他们更敏感，取得他们的信任是关键的一步。

前两个案例中的"问题学生"，他们本来都是学习成绩较好，没有什么不良行为的少年，都是师生关系出现问题以后开始成绩滑坡、行为越矩的，是师生关系损坏导致的不良后果。第三个案例则体现了积极的师生关系对学生产生的促进作用。那么，第三个案例中使用的转化方法是什么呢？是写教学日记——叙事治疗的一种。吴樱花老师采用此方法从初一到初三持续地记录下宋小迪在校园里的故事，好坏都有，并将自己的分析思考也记录其中。最后吴老师将这些记录收集起来装订成册送给宋小迪，由此获得了宋小迪对吴老师的感激、认同和尊重，师生间建立起了信任关系。这种带着温情的师生关系使得宋小迪迅速成长，最终蜕变成为全市 2005 年的中考状元。

叙事治疗是积极心理学非常推崇的一个心理治疗分支，属于后现代心理治疗方法。叙事治疗透过"故事叙说"、"问题外化"、"由薄到厚"等方法，使人变得更自主、更有动力。透过叙事治疗，可以让来访者的心灵成长，对自我重新统整与反思。叙事治疗通过当事人讲述自己的故事，关注和挖掘人具有积极功能的自我，强化积极面在人的生活中曾经起过的功能，将其扩充进人的自我意识的主体，并将其延续下去，达到让人运用自己的潜能自我修正、自我成长的效果。叙事治疗学派认为："如果我们将一个人在学校的主线故事定位在生性愚钝、素行不良、害群之马,那他将依循这样的生命故事脚本而活。这样的负向描述将造成标签化的效果,使得被建构的负面形象常常如影随行。"[1]

叙事治疗法同时也是一种教育研究的方法。它研究学生的认知特点、情意特点、人格特质,研究学生的年龄特征、个性差异、身心规律,研究学生感兴趣的、思考的、进行的活动。叙事研究是真实的、情境性的,这些生活故事胜过任何说教,具有强大的感染力。教师的叙事研究由教师本人解说,故事的主线和教师的分析交叉出现,使所叙之事通过教师的解读有了特殊的意义。吴樱花老师用这样的方法成功地改变宋小迪,使之成为优秀的学生,而他们良好的师生关系一直延续到宋小迪大学毕业之后。教师写日记的叙事治疗方影响了学生的一生。

应对策略

叙事治疗方法在使用的时候,要与工作对象建立良好的关系,即对学生充满情感和爱的态度比技巧更重要,发现生命的意义比问题本身更重要。吴樱花老师在总结自己的经验时引用了教育家夏丏尊先生的名言:"教育之没有情感,没有爱,如同池塘没有水一样。没有水,就不成其池塘,没有爱就没有教育。"吴老师之所以能成功地建立有效的师生关系,"秘诀"就是对学生充满爱和情感。有了爱和情感才能够做到宽容和信任,使沟通有持续进行的可能。

首先,和谐的师生关系的构建不是教师或学生单方决定的,需要双方共同的努力,所以选择合适的对象是重要的一步。当然这一步,和确定要研究的问题息息相关。研究后进生的转化问题,需要选择一个合适的学生,要能在这个学生的问题背后发现其被问题行为所掩盖的优点。比如,当所有人

---

[1] John M. W& Gerald D.M. 学校里的叙事治疗[M].曾立芳,译.北京:中国轻工业出版社,2014.

都聚焦于宋小迪的劣迹并感到头疼的时候，吴老师关注到他爱劳动、任劳任怨、善良、天赋好、上课发言踊跃、经常说出一些很有见地的观点；当大家只关注宋小迪的"早恋"、自杀言论的时候，吴老师关注到他的重情重义；当宋小迪的举止触犯众怒时，吴老师关注到他的率直、不善于伪装。这种对其突出优点、积极面的关注贯彻始终，就像一面镜子一样使宋小迪看到另一个自己。

　　同理，案例一中的学生虽然逃课，成绩下降，但我们可以关注到他的自我克制是因为他对教师心怀尊敬——他不让班主任知道他不喜欢班主任。案例二中的学生，虽然找人帮忙引来了麻烦，但我们可以关注其想通过自己解决问题的努力。《礼记》中记载："教也者，长善而救其失者也。"意思是，教育，就是让学生发挥所长，并纠正他们的过失。这也正是吴樱花老师的矫正策略："宋小迪的能力是不可低估的，这更说明要转化宋小迪，矫正他的行为，发挥他的聪明才智是至关重要的。"① 这个想法和积极心理学的创始人塞利格曼的顿悟是一致的，那就是抚养孩子并不是纠正他们的缺点，而是去发现和发展他们的长处！关注学生的性格优势特点，对学生的积极关注就能起到很好的镜像作用，激发出他们身上的性格力量。

　　其次，在叙述交流中引发来访者反思，让他们看到自己的积极力量和积极品质。在叙事治疗法中，常常要进行观察访谈。比如吴樱花老师写道："我决定找他谈谈，提提醒，敲敲警钟，我想这对他没有什么坏处。如有时间，我计划每天找宋小迪谈话五到十分钟，希望能通过努力，把'铁棒磨成绣花针'。"和学生经常保持沟通接触不但能在第一时间了解学生的动态，也能使学生感受到教师的关爱，从而在思想、心理、人格和行为等方面发生微妙的变化。而教师自己也能因持续地观察和思考而不断产生解决问题的新方法、新思路，使专业水平得到提高。

　　第三，对叙事的记录要进行分析整理。日常生活事件的发生会涉及事件

---

① 吴樱花.孩子，我看着你长大——宋小迪日进录［M］.南京：江苏文艺出版社，2007.

的有关人员，所以对该事件的描述就不止一个作者。通过叙事方法整理出的叙事角度往往能给另一个当事人以全新的看法。比如宋小迪写道："看完了这本书（吴樱花老师写的关于他的日记），我的第一感觉便是：这宋小迪怎么这么'蠢'呢？看着我自己以前的种种行为，我感到无比的惭愧，愤愤不平，无可奈何。当我站在一个第三者的角度上时，我才真正地公正地看待自己。至此，我才明白了，原来他人对我的'成见'、'偏见'是那么正常、顺理成章。的确，这本书让我知道了许多以前不知道的事情。"[1] 吴樱花老师把整理好的记录以礼物的方式赠送给学生，学生自己饶有兴趣地阅读，发现和认识了自己，产生良好的教育效果。这是因为，记录的文字和赠送礼物的形式能够强化来访者和他人眼中的重要改变。

最后，在使用叙事的方法时还有几个注意事项：首先是不能急功近利。要学吴樱花老师"但求耕耘，不问收获"的那种无功利的投入，和学生一起经历，一起体验，一起分享成长经历。"教育是慢的艺术"，急功近利的行为只可能毁灭人才，而不可能造就人才。其次是要坚持。吴樱花老师坚持了三年，期间宋小迪行为有反复，也曾令吴老师在日记中骂过宋小迪，但若彼时放弃了，便不会有后来的奇迹。所以教师要明白转化不是一蹴而就的，必须学会等待，在等待中守望。明白了转化的历程，在使用叙事治疗方法的时候，就能带着不急不躁的心，将自己的真情投入进去，不但可以丰富叙事治疗的方法，而且会改变自己的教育教学方式，充实自己的教师生涯。

---

[1] 吴樱花. 孩子，我看着你长大——宋小迪日进录 [M]. 南京：江苏文艺出版社，2007.

第二篇
教师的困惑和应对策略

1. 追求完美与追求幸福
2. 纠错教育与长善救失
3. 网络沉迷与沉浸体验
4. 学生早恋与性别认同
5. 抑郁情绪与解释风格
6. 考试焦虑与意义理解
7. 学生不懂事与教育智慧
8. 离异家庭与重建安全感
9. 心理免疫与身心健康
10. 人际资源与复原力训练

1. 追求完美与追求幸福

所有的事物都具有两面性，而人类的本能反应就是先关注消极、悲伤、痛苦的信息，因为只有这样才有利于回避危险，有效应对，提升人类的生存能力。但是，如果过度关注消极、悲伤、痛苦的信息，就会降低我们的生活质量。

积极心理学研究发现，"追求完美"会走向反面，而以积极心态追求幸福则是人类最有价值的人生目标。引起我思考这一问题的原因是，经常有老师觉得不可理解：为什么很多成绩还不错的学生却选择了自杀？

案 例

我们震惊于自己的发现：发生在自己身边或是媒体报道的那些自杀学生中，大多数都是学习成绩比较好的或曾经比较好的。我身边也有几则这样的案例。他们生前讲的话也让人费解。有个初中生对父母说："你们要的第一名我帮你拿回来了，你们可以高兴了。"有一个大学生回想他自杀的同学生前经常挂在嘴边的话是："我成绩太差了，对不起父母，我为什么拿不到一等奖学金？"事实上，在读大学的每个学期她一直凭借优异的成绩获得二等奖学金，直到自杀的那个学期……如此等等，很令人匪夷所思。这些学生怎么了，我们的教育出了什么问题？

分 析

学生自杀非常令人痛心,据不完全统计,其中学习成绩比较好或曾经比较好的确实占大多数。出现这种情况的原因很复杂,很难做简单的归因,因为选择自杀有外部和内部诱因。有些孩子的表现是对已经取得的好成绩完全不在乎,有些则是对已经取得的好成绩仍然觉得不满意。这些问题可以从多个角度分析,也许是抑郁症所致,也许是观念错误或仅仅一时冲动等等;而这些复杂现象背后有一个共同的逻辑:他们的人生经历已经使他们感觉到"活着比死还痛苦",因而他们选择自杀。这些孩子没有感受到自我存在的价值,自我的需要没有被关注和满足,有强烈的劣等感,这些现象在抑郁症患者身上比较多见。当然这也并不能解释所有自杀学生的死亡根源,但是我希望能从这个角度来探讨成绩很好却选择自杀的孩子共同的心理特点——或许是追求完美背后存在着某种陷阱所致,这个误区导致生命的无价值感,认为死才是一种解脱。我希望这方面的探索能够给有此疑问的老师一些启迪。

幸福是积极心理学最重要的概念,追求幸福应该是人生的重要目标或最有价值的目标。幸福是一种感觉,是人们在情绪体验愉快的同时在认知评价上满意的一种心理状态,它与家庭生活、社会工作的获得体验有直接的关系。"想要获得真正的幸福必须去发现自我的优点,进行充分地发挥,用毕生去实现自己的价值。""要做自己想做的事情,而少做被迫做的事情。"

追求完美——不管在什么样的条件下都追求最好,是一种比较普遍的现象,也被很多人认为是一件好事,至少不是缺点。但我们仔细分析追求完美的思维模式后就会发现,这是一种极性思维,这种极性思维危害性很大,常常面临两极的选择,要么最好,要么最坏。追求极致完美很容易丧失价值感,以这种追求完美的思想指导学生学业和人生发展就会酿成悲剧。

追求完美的同学被分数量化了之后,评分的意义替代了学习本身的意义,只有得到最高分人生才有意义,否则就没有意义。校园里,我们经常会听到老师对考试成绩第一的学生说："你这次考得很好，取得好成绩不能骄傲自满，要继续努力，努力保持住。"而对其他同学说："你们要好好努力，向第一名的同学学习，要争取赶上和超过他。"这样的话好像是激励，但是给了学生很大的压力，引导学生拼高分的同时忽略了学习本身的意义，这对相当一部分学生来说是摧毁性的后果，没有一个人会有成功快乐的体验，而只有挫败感挥之不去，即使取得了优异的成绩也充满紧张感。在这种完美主义思想影响下，片面追求升学率的考试结果——分数，学生就会成为分数的奴隶，人生价值由分数来衡量：没有好分数的人就没有价值，考高分的人才有价值。

我们都知道，学习是一个试错的过程，学习水平的提高是一个曲线上升的过程。追求完美的人只想要那个结果而不管过程或不在乎过程中的收获，忽略了学习过程中的试错乐趣。因此有许多学生为了在学校获得更多的成就体验，总是进行二次学习，提前对要学习的内容补课，因为这样可以得到老师的欣赏，可以得到比较完美的结果。于是，学习中试错的价值被低估或忽略，而"老师一说就懂，一讲就会，一考就是高分"的情形被赏识，甚至创造教育神话自欺欺人——不学习或很少学习就可以获得很好的成绩。

现在家庭教育和学校教育过度追求升学率已成为普遍现象，忽略了学习过程本身的意义，忽略了学生本身的学习体验。学生沦为解题机器，体验不到主体的存在价值，更体验不到学习过程中发现和创造的价值。这样培养出来的所谓的好学生虽然能够取得好成绩，但是学习动力难以持久，他们没有通过学习而体验到生命的意义，只要稍有挫折就会彻底崩溃，少数学生就选择了放弃自己的生命。

为什么要考高分？为什么要上大学？这些都是对学习目的的考问。一般答案是上大学才"有出路"，"有出路"是指有好工作，有好工作意味着有较好的薪资待遇，这就是导向满足物质利益的需求，而学生自身优点的发现和培养不知不觉中被忽略了。这样的学习过程，学生体验不到学习活动的乐趣，很难发现自身的价值和成就，也容易导致他们精神的空虚，丧失生命存在的意义。

应对策略

积极心理学认为，人生最值得追求的目标是幸福。"幸福在路上"，即幸福是在活动过程中获得的体验，没有了这个过程怎么可能体验到幸福呢？例如喜欢登山的人被直升机送上了山顶，对他们来说登山的意义就没有了。学生在学习过程中的试错体验是很有价值的，只有在试错的过程中，才能感知获取知识的快乐，也只有承认试错本身是一种学习经验获取的过程，可以发现自己的优点、长处，学习主体的价值才能得到肯定，学生才会觉得在学习过程中获得了价值体验。

我提供以下建议，与老师分享：

• 引导学生充分认识追求幸福人生的意义。幸福人生是自我和谐一致的境界，这种自我和谐来自内心最坚定的意识，或者是自己最感兴趣的事情。教师应该帮助学生探索自己生命中最需要的是什么，然后诚实地面对它，并对它负责。幸福存在于过程的体验中。老师要教会学生在物质和精神的世界中同时成长，让学生体验到在工作和学习过程中才能获得更多的快乐。

• 重视学习过程本身。如果学生在学习活动中能够乐在其中并获得成就，那么他的行动和自我觉察就融合在一起，获得积极的"沉浸体验"。这种体验本身是最好的奖赏和动机，使学生拥有持续成长的动力。在这种情况下遇到困难并解决困难，是让学生在学习过程中获得更多的成就体验和价值体验。教师应努力培养学生的求知热情，把学习变成一种迷人而美好的历程，并贯穿于追求幸福的整个生命历程中。

• 在交往互动过程中及时表达爱和赏识。教育者要用充满爱心的感性语言表达对学生的爱，对学生学习过程进行公正、及时、正面的评价，让学生获得积极的体验，这对学生具有很好的激励效果。而现实中很多家长和老师把这种表达忽略了，觉得对好学生来说这些是不言自明的。其实这种忽略对学生来说是有害的。较多的消极情绪体验将会对学生产生很大的消极影响，可能导致学习障碍，严重的会导致生命无价值感。学生的学习动力来自足够多的积极情绪体验——被爱、被欣赏、被尊重的感觉。

● 面对许多已经丧失学习内在动机或学习兴趣的学生，我们更加需要用积极心理学的思想来帮助学生修复内心世界，帮助他们从学习的消极体验中走出来，去获得学习过程本身的乐趣，发现生命的真正需求，找到自己想要做的事情，并让自己获得成长和发展。

● 对于已经有抑郁和自杀倾向的学生，要提供合适的心理咨询服务，寻找专业的心理咨询工作者帮助他们治疗内心创伤，重新建构自己生命的意义和价值。

2. 纠错教育与长善救失

纠错是很多教师在教育教学工作的基本行为习惯，也是一个普遍的现象，其中包含了一些基本的教育思想，而且这些思想已经为大家所习惯。纠错也成了教师的职业病，并影响到教师子女的健康成长，因而甚至有人说教师家庭的孩子是不幸的。以下几个相关案例引起了我的一些思考，纠错教育是值得商榷的问题。

案 例

案例一 有位中学教师曾经是抓高考的好手，因工作调动，到城里的一所重点中学教书，他和以前一样认真抓教学，但是学生很不配合。他要求学生把做错的题目重做——加深印象，没有掌握的部分增加练习——强化训练，要求学生放学后留下来订正作业——加强指导，学生不乐意、不服从，这样的情况多了，学生很反感，老师也烦恼。

案例二 有个学生与同学关系很不好，非常自私，不顾其他同学的感受，违反纪律，妨碍他人学习。班主任几次找他谈话，效果都不明显，请来家长配合教育，家长也听不进老师的批评意见，差点儿与班主任吵起来。

案例三 老师在给学生讲评试卷时，往往讲评的重点都是做错的题目，老师多讲一遍，学生就多听一遍，然而效果并不理想，总会有学生一错再错。

分析

所有的教育教学行为背后都蕴含了一些教育教学思想，这些基本的思想对教育教学效果有直接的影响。有一些老师也并没有想清楚为什么这样做，怎样才能够取得效果，哪些情况下会没有效果。有些教师一直以来抱有"传道授业解惑"的使命，而不顾如今学生的特点和时代的特点，工作时就会产生不少困惑。

学习是一个试错的过程，纠正错误、强化训练确实能够获得学习成效，但是如何纠正错误却是非常有讲究的。我们在这方面缺少研究，于是很多老师常常事倍功半。这样的纠错教育模式受上世纪工业化管理模式的影响，严格的组织纪律和熟练的操作行为是降低成本、提高效率的关键，学校教育管理也这样操作，就变得简单化了。虽然多年来也取得了不少成效，不过其消极影响也越来越明显，学生主体性特征在这个模式中越来越被忽略。教育者总是在努力地找错、纠错，规范化、统一化，直接结果是考试能力上去了，创造能力下降了；考试成绩上去了，学习的内在动力和学习热情衰退了。

美国积极心理学之父塞利格曼教授指出，过去100多年的心理学发展史可以概括为消极心理学的研究历史，主要研究人的心理问题和心理疾病等变态行为，一味关注消极面，使人们对心理学产生片面的理解，以为心理学就是指导人们关注心理问题，发现心理问题，治疗心理疾病的。其实，心理学的使命是关注每一个人获得幸福快乐的生活；帮助人们开发潜在能力；也帮助人治疗心理疾病，摆脱痛苦和烦恼。

从20世纪末美国开始兴起的积极心理学运动，倡导人类要用一种积极的心态来对人的许多心理现象和心理问题作出新的解读，并以此来激发每个人自身所固有的某些实际的或潜在的积极品质和积极力量，从而使每个人都能顺利地走向属于自己的幸福彼岸。这种思想受到后现代思潮的影响，吸收了人本主义、存在主义心理学等方面的研究成果，提出了自己的主张，认为每个人自身都具有解决自己所面临问题的能力，心理学工作者包括教育工作者主要是帮助人们发现自己的这种潜在能力。每个人都具有积极品质和积极力量，只要能够充分利用就可以实现自己的愿望，达到自己的幸福彼岸。

每年新一届学生出现在我们面前的时候，他们的许多心理现象具有一定的新异性，这需要教师用积极的心态来解读他们。当教师在努力教育学生，希望他们能够通过高考进入更好的高校学习的时候，我们的教育行为究竟哪些是对学生最有意义的？学生又是怎么理解这样的行为呢？信息时代、网络时代打破了知识的垄断，教师已经不是获取知识的唯一途径，任何时候想要学习都可以获得自己想要的知识，以前百思不得其解的问题，现在的学生"百度"一下都知道，所以教师如果不能从全新的视野来看待自己的学生和教育面临的挑战，在新一代学生面前必然会感到乏力和无助。

如果我们能把积极心理学思想用于解决现实的教育问题，可以大大提高我们的影响力和工作效率。积极心理治疗的理念反对过去以问题为核心的病理性心理治疗，它倡导心理治疗应把注意力集中在增进和培养人自身的各种积极力量上，倡导在此基础上激发个体自身的积极潜力和优秀品质来使个体成为健康的人。这样的理念首先要求教师具有积极的心态和积极的看问题的视角，对于学生表现出来的问题能够作出新的解读，聚焦于积极面，对于问题的解决也要从积极的角度来理解。学生身上具有的各种积极的力量和积极的品质，可以用来激发他们的潜力，培养优秀品质，从而让他们健康成长。

以上三个案例中教师虽然并没有做错，但是效果不佳，原因是：

案例一中，教师的工作存在简单化倾向。从前的学生和如今的学生有很大的差别，教师只是简单地进行传道授业解惑，没有注意到学生的个性化特点，没有与学生达成共识，师生没有共鸣。结果是师生都很辛苦，甚至会相互指责批评。

案例二中，教师抓住学生的缺点和错误，指出来要求其改正，但是没有达到效果，原因在于方式方法不恰当，这是教师没有寻找到改变学生的"支点"。请家长来帮忙时，教师也只是简单地要求家长给予配合，甚至批评指责家长，家长也难以接受，结果造成关系紧张，无法实现教育目标。

第三，教师给学生讲评试卷的方法非常普遍，这样的讲评会带来一些负面效果，特别对于成绩不理想的孩子来说，他们会觉得做错题目非常不应该，甚至归咎于自己太笨。学生的学习动机、兴趣和激情都没有被激发，甚至在这个过程中被消磨了。

总之，纠错教育的现象给人的感觉是"好心没有好报"，根源就在于教育工作者不应该简单地聚焦于学生的消极面，这会给教育本身制造障碍。它聚焦于问题，关注的是错误，而相对忽略了进步和积极的因素，使教育陷于被动和孤立，今天许多老师感到教育孩子无能为力的部分根源在于此。

应对策略

从积极心理学的角度看待案例一面临的问题：当代中小学生已经是00后的一代人，生活在一个信息网络发达的时代，也是一个经济高速发展的时代，每个学生的个性化特点更加显著。因此，老师在启发学生学习更多更高深的知识的时候，不能仅是简单地告诉他们这些知识考试有用，或是学这些知识是为了考上大学，如果过度强调短期目标，消极影响很大。我们要了解学生的心理特点，对他们的行为特点需要进一步的观察和研究，激发学生的内在学习动机，让学生体验学习过程中的快乐与成就感，体验到学习是人生的一件大事，这样学生就会自觉地配合老师，才能达到有机会就学，有错误就改的状态。当一个学生对老师所教的学科有兴趣、有需求的时候，学生对作业就不会有为难或逃避行为。

从积极心理学的角度看待案例二面临的问题：现在的学生大多数都是独生子女，他们有自己发展的独特优势，因此教师在处理这类问题的时候首先需要与孩子建立一种相互理解的关系，利用好独生子女家庭重视教育的条件和已有的发展成果。在与学生沟通时先承认学生展现出的良好的行为表现，甚至还要肯定隐藏在某些不良行为背后的正面积极因素，跟家长沟通时也要全面评价孩子，肯定家长为教育孩子付出的努力。这样的沟通方式聚焦于积极面，能够充分调动积极因素，帮助学生克服缺点，当各方面的资源都能够调动起来的时候，解决学生的问题就比较容易了。有老师说，有的家长很不重视教育、很不配合，如果真是这样，那么教师可能要在别的方向上寻找援助，例如同事的帮助等。

以自我为中心的行为在独生子女中非常普遍，但是孩子们想要发展成长的动力是有的，教师需要帮助孩子理解个人进步和集体进步的关系，但是这方面是教师工作的一个难点。

从积极心理学的角度看待案例三面临的问题：具有积极心理思想的老师首先聚焦于学生考试卷上的成功之处，每处讲评都会高度称赞学生在这方面取得的成果，随着讲题的深入，之前的称赞和肯定就成为继续解决问题的动力和希望，这样的讲评从头至尾充满了鼓舞人心的话语，可使学生获得成就感。很多有智慧的老师只要看到学生有一点进步、有一点创新行为、有一点成绩，当众和私下里都会大加称赞，学生会由此而获得学习的力量和克服困难的勇气，这是很多成功教师的秘诀。这种方法符合积极心理学的基本原理，是一种鼓舞学生的表达方式。是如果教师聚焦于已经取得的成果——做对的部分，就会有更多的机会鼓励学生，也会引导学生体验获得的成就感，哪怕是从40分到50分的进步，也是值得关注的，坚持下去就能激发学生的内在学习动机。

把积极心理学思想运用于中小学的教育教学中，要求教师们掌握积极心理治疗的基本原理和方法，只有教师们的心态变得积极，才能够改变传统的教育教学方法，获得变革创新的进步，适应新一代学生发展的需要，取得满意的教育教学效果。

3. 网络沉迷与沉浸体验

人的感觉和体验对自身的认识与发展具有重要的导向作用，人的自我意识是自我感觉和体验积累的成果。今天的教育者和被教育者之间的许多误会和无效的沟通，可能都是由我们对于社会、生活等方面的感觉和体验的巨大差别造成的。

当计算机网络越来越普及，网络游戏越来越高度人性化、智能化、互动式的时候，年轻人很难不被吸引，从而沉迷其中。有数据显示，中国年轻人花在网络上的时间在全世界排名第三。种种迹象表明，似乎最新科技成果变成了罪魁祸首，毁了一代人。面对高科技的网络和网络游戏、面对难以理解的"新新人类"，教育者常常感到困惑又无奈。

---- 案 例 ----

案例一 我的学生A成绩很好，自从迷上网络游戏后，孩子的情况就越来越差，开始还能够控制玩游戏的时间，认真完成作业，后来越来越不能控制，开始不做作业、逃课，与老师和父母的关系很紧张。遇到这样的学生我该怎么办呢？我当教师这么多年，现在觉得越来越不会当了，越来越不能理解现在的孩子了。

案例二 我的学生B有个坏习惯，他必须先玩游戏才肯写作业，虽然时间基本可以控制在适当的范围内，但是如果一直这样下去，我害怕发展到最后变得不可控。我们想禁止，又怕造成关系紧张，得不偿失。我知道只有完全禁止游戏，才能更好地学习。

分 析

为什么那么多人利用网络工作、学习和娱乐，因为网络是高科技产物，提供了海量的便捷信息，提供了新的互动平台。而网络游戏则利用各种多媒体技术、动漫技术、图像、音乐、故事情节等等吸引了大批玩家，使之在娱乐互动的过程中体验成功的快乐。很多成年人一接触网络游戏都会"乐不思蜀"，孩子们更是会被精彩纷呈的虚拟世界吸引，忘记枯燥乏味的课堂、单调无趣的作业，以及那种高压力的竞争和紧张的师生关系。所以孩子们进入网络世界就很容易忽略现实世界，因而被说成网络沉迷或游戏成瘾。其实我们早已经离不开网络了，这是科技发展对现代教育工作者提出的挑战，我们若不能正确应对和适应，就会跌倒在它的脚下。

高科技应用到哪里，年轻人的热点就跟到哪里，也许是对此现象的一种理解，也是历史的必然。青少年热衷网络游戏对我们的启示是：第一，不能继续忽视这个现象而应该认真研究，因为受影响的人群覆盖面很广；第二，根据存在主义哲学来理解，存在即是合理的，网络既然已经存在于我们的生活中，我们该如何接受和适应它，是每一个教育工作者需要面对并解决的问题；第三，网络游戏既然能如此强烈地吸引青少年，它的成功经验也是可以被教育工作者所利用和采纳的。

积极心理学的一个重要概念——沉浸体验，"是人们在受其内在动机驱使而从事具有挑战性却可控的任务时所经历的一种独特的心理状态"。积极心理学研究发现，"沉浸体验是一种最令人满意的体验，一种几乎是自动的、无需花力气的却高度集中的感觉体验"。为了产生沉浸体验，人们必须把握合适的时机完成这些任务，必须有明确的目的和及时的反馈。主要包含以下八个要素：明确的目标；集中注意力；自我意识消失，从而使行动和意识融为一体；时间感被歪曲；直接和及时的反馈；能力水平和挑战之间平衡；感到个体能够控制情境或活动；活动可以获得内部报偿，从而行动不费力气。

对照以上这些特点，不难发现网络游戏恰好具有这几方面的特点，因此青少年喜爱它、沉迷它也是情有可原，甚至是必然的。但是游戏仅仅是游戏，不能引导青少年在现实社会中获得成功，它的目标是虚拟的，没有现实性，不能解决现实中人类面临的问题和困境。过度沉迷游戏会使青少年的社会功能受到伤害。

相对于网络游戏来说，我们的课堂、作业、考试真的是太缺乏吸引力了，甚至有些教育活动是对学生内部学习动机的弱化，甚至是打击，因此自然而然就把学生推出了课堂，推向了游戏。

沉浸体验的获得无论是对于学生和老师都具有重要意义，它是学生乐学、教师乐教的标志和需求。在师生互动中如果产生了沉浸体验，学生会陶醉于从教学中获得的满足感，教师也会因学生的进步而感到幸福。沉浸体验还是心理健康的重要表现，有调查研究发现，绝大多数成功人士都具有丰富的沉浸体验，沉浸体验中的高涨情绪和美妙的感觉可以更好地医治心灵创伤，令人忘记烦恼，超越世俗，奋发向上。沉浸体验也是具有较高生活质量的一个标志。师生的学习生活不是一朝一夕的，而是一个漫长的过程，如果在这个过程中有较多的沉浸体验就说明我们对生活比较满意，学生对未来的学习生活抱有憧憬。沉浸体验的概念与马斯洛的高峰体验很相似，但是这个概念更加普遍地存在人类活动的方方面面。

从这个角度看，我们会比较容易理解为什么国内外优秀的教师非常注重给学生很多及时的鼓励和积极的评价，因为这样做可以让学生怀有强烈的内在动机投身到富有挑战性的学习活动中去，真正激发学生的学习热情和潜能，进入到沉浸体验中，这时候产生沉浸体验的活动要求学生全神贯注，不再想起日常生活中的忧虑、挫折等，而完成任务后，重新出现的自我仿佛更强大了。有了这样的经历，学生的自我意识得到增强，随之而来可能具有强烈的学习知识的成就感和内驱力。

应对策略

当下学生厌学弃学的原因不能简单归结为网络或网络游戏，也不仅仅是教育教学内容方面的问题，还有师生互动模式、竞争压力等等，导致学生难以在学习过程中形成沉浸体验。带来沉浸体验的活动是需要人们运用一定的技能才能完成的，并且有可能接近人们的极限，更为重要的前提是人们认为自己有能力胜任、有能力完成它。高难度、高强度的题海战术，让学生对学习活动失去了自我控制的感觉，而且获得的及时反馈大多是负面、消极的。因此要改变学生沉迷于网络或网络游戏的状态，需要教育者综合评价遇到的问题和挑战，在高科技背景之下仅靠传统教育观念和方法已经不适应新时代的学生，需要从多方面入手来改变。

第一，良好的师生关系是对学生实施积极影响的基础，沉迷网络的学生最缺乏的是从良好的人际关系互动中获得的积极体验。要形成良好的师生关系，教师必须做到下面几点：一是理解学生，倾听是理解的前提，很多老师只是一味地叙说自己认为正确的道理，不听学生心声，结果根本没法沟通，教师的影响力降为零；二是爱护和包容学生，允许学生有自己的想法和特点，允许学生犯错误，学生只要能够感受到老师的爱，就愿意接受老师的帮助和教育；三是原则问题不让步。很多人把第三点和前两点对立起来，这样就很难落实，其实很多成功的教育都是这三者的结合。必要的批评是不可少的，而这种批评必须是建立在前两点已经做好的基础上才能取得良好的效果。

积极心理学告诉我们，"儿童内在动机的发展部分取决于其交往需要、胜任需要和自主需要，以及让父母、老师、教练或生活中的重要的人满意的程度。"师生关系应该是一种积极正向的关系，学生从教师这里可以获得关于自己的积极的及时反馈，获得满足感，从而激发其内在的动机。

第二，保持学习过程中刺激的新异性、保持挑战的适宜难度是教师设计教学过程的关键。教师要给学生设计适合学生能力的中等难度的任务去完成，并在完成任务的过程中给予及时正向的反馈，这样学生才能够始终保持学习兴趣。学习的练习效应在应试教育模式中被夸大了，反复练习固然可以提高准确率，但是却使得学生对学习的厌烦情绪滋长，最后成为学习的最大障碍。当然，学生各有不同的特点，面对学业上的困难也各有不同的表现，要处理好他们的消极情绪需要教师拥有更多的心理学知识和解决问题的技能，必要时还需要向心理咨询师请求援助。

网络和多媒体技术应该为教师更广泛和充分地使用，使课堂变得丰富多彩，让学生投身其中流连忘返，获得沉浸体验，把学习和成长发展变成自己强大的内驱力，不断推动自己走向更大的成功，从而获得幸福快乐的人生。

第三，玩游戏和上网本身并没有错，沉迷游戏是因为学生没有管理好时间和精力，要把沉迷网络和游戏的学生引导到学习上来是一件不容易的事情，需要教育者的耐心和毅力：先解决学生的情绪问题，再解决习惯问题和学习障碍，逐渐把学生的注意重心转移到课业上来。如果教师仅仅告诉学生现在好好学习将来可以考上大学，或者威胁学生说现在不好好学习将来会有可怕的后果，都是很难奏效的。帮助学生学会规划好自己的人生是非常必要的，让学生有自控能力本身就是教育发展的目标，当学生有了明确的目标并且有信心通过自己的努力来实现目标的时候，学生的行为就会比较规范而有成效了。

第四，教师克服自身的消极情绪，耐心陪伴和等待学生的改变和成长。解决学生问题时，教师常常会忽略自己的消极情绪。人都想用最简单的方式达到满意的效果，但在教育人和改变人的活动中这种想法是必须放弃的。学生的问题比较复杂，需要耐心细致的工作，相信学生自己的向善性，相信学生自己拥有解决问题的能力，如果暂时还没能解决，一定是遇到了什么障碍，老师需要了解和帮助他们排除这些障碍，这样学生才能恢复自信，回到学习的正确轨道上来。这些是人本主义的基本思想，教师们学习掌握了之后在教育实践中坚持运用就会有较好的效果。

学生沉迷网络、网络游戏是综合性的问题，这些学生往往在人际互动关系方面存在问题（如家庭关系、师生关系等），在人生成长发展方面存在问题（如曾经受过挫折或伤害等），在学习习惯等方面也存在问题（如缺乏自我约束能力、缺乏意志力等），要治疗这些问题需要教师使用综合方法，不是简单的一招一式就可以完成。孩子比我们更有能力应对未来，教师在面对未来的许多问题上比下一代更无知，因此我们需要不断学习，向我们的学生学习，才能成长为适应时代需要的好老师。

4. 学生早恋与性别认同

青春期是人生的重要过渡期和加速期。心理学家霍林沃斯将青春期到青年早期称为"心理上的断乳期",处在这一阶段的青少年,不论生理还是心理都发生着剧烈的变化。与此同时,生理上的快速发展与心理发展的相对缓慢、滞后给他们带来很多困惑,以致出现很多问题。其中,异性交往和性困惑对他们来说是最不知所措、最迷惘,又是最好奇、最有诱惑的。

教师经常会遇到此类学生:上课注意力不集中,精神恍惚,学无心境;经常无端地发呆;突然爱打扮,很注意自己的仪表;之前活泼好动的男孩子突然变得沉默寡言;情绪大起大落,时而兴奋时而忧郁……看到学生们出现如上的表现,教师基本可以断定,某某同学"早恋"了。

案 例

案例一 曾有一个漂亮活泼的初三女孩来做心理咨询,这个女孩是班长,学习成绩也很好,但她却觉得自己是一个"水性杨花"的女人。初一时,这个女孩喜欢邻家的男孩,一起上学放学,一起写作业,可谓"青梅竹马",她觉得他可爱,很贴心。可升入初二,这个女孩不再喜欢这个男孩子了,她觉得这个男孩不够"男人"。以后,这个女孩就故意躲避这个男孩,找各种理由避免与他见面。有一次学校里举办演讲比赛,女孩结识了隔壁班的班长，她觉得自己喜欢上了这个班长，觉得他不仅健康阳光而且学习成绩优秀。暑假的时候，女孩一家到上海的表哥家做客，女孩的表哥是复旦大学的学生，女孩见到风华正茂、一表人才的表哥后心里又暗暗地喜欢上了表哥，觉得表哥无所不能，上知天文下知地理，她觉得像这样的男生才是她喜欢的。但是她的内心又很矛盾，受着自己良心的谴责，"我怎么可以一会儿喜欢这个男生一会儿又喜欢上别的男生呢？"她觉得自己"水性杨花"，很是苦恼。

案例二 一位高一男生的母亲来咨询，说儿子从小到大是个很听话的孩子，学习也很优秀，是班干部，可是最近学习成绩突然下滑了。一次给儿子整理房间时，她发现了儿子和同学之间写的一些字条，其中以老公老婆、哥哥妹妹相称并涉及一些有关性的内容。经过进一步观察，发现儿子正与一个女生"恋爱"，母亲担心儿子陷入早恋，影响他的学业，于是严厉地批评了儿子，有一次甚至动手打了他。事后母子关系开始紧张，母亲也后悔自己的行为有点过激，给儿子写了一封很长的信，倾注感情劝说儿子，儿子看后也很感动，当时表示以后专注学业。可没过多久，母亲发现儿子与那位女孩又偷偷交往了。

分析

"水性杨花"指女人对感情不专一，作风轻浮。案例一中这位出色漂亮的初三女孩觉得自己是个"水性杨花"的女人，因为她觉得自己不断更换着自己喜欢的男生，在道德上她不能原谅自己。发展心理学认为青春期的孩子会过度评判自己，并渴望得到认可，这样会使他们形成焦虑情绪。人类的异性交往是心理发展的需要，有一个基本的发展过程，到了青春期必然表现出来，这时是接受两性教育和积累经验的关键时期，需要在这个阶段对他们进行健康、科学的引导和教育。

三岁的孩子能清楚地知道自己是男孩还是女孩，女孩喜欢玩洋娃娃、穿裙子，而这时的男孩子更喜欢汽车玩具、玩骑马游戏，这是性别心理发展的开始，这样的发展在青少年期达到顶峰，并一直持续到成年以后。性别认同是指在生物学特性上属于男性或女性的认知和接受，即理解性别，包括正确地使用性别标签、理解性别的稳定性、理解性别的坚定性、理解性别的发生学基础。这个过程必须在与异性交往过程中完成，直白地说少男少女开始正常交往，他们的男女性征才会越来越明确。

关于性别认同有不同的理论，早期的孩子与父母关系对孩子的人际交往能力有很大影响，异性父母与孩子的关系（即儿子与母亲的关系或女儿与父亲的关系）对他们的婚姻也有很大影响。弗洛伊德将人从出生到青春期的发展划分为五个阶段。3—5岁处在性器期，这一时期男孩出现俄狄浦斯情结（恋母情结），即男孩对母亲产生性兴趣，把父亲看成竞争对手，表现出把父亲杀死的渴望，但是由于父亲是强大万能的，男孩会产生报复的恐惧感，于是压抑了对母亲的渴望转而产生对父亲的认同。同样，女孩会产生恋父情结，女孩为了解决阴茎嫉妒转而认同母亲。认同是儿童试图整合父母的态度、价值观，使自己变得与父母相似。

5—12岁是潜伏期，这一时期男女性的发展出现停滞现象。12—20岁是青春期，女孩约比男孩提前两年进入青春期，弗洛伊德认为在这一阶段男女打破了原有的平静状态，开始对异性产生兴趣，强烈的恋母恋父情结再次出现。主要表现为男孩选择与其母相似的女性作为恋爱对象，女孩选择与其父相似的男性作为爱慕对象，弗洛伊德认为如果这一时期男女为解决恋母恋父情结而付出太多的心理代价，他（她）会因此而恐惧女性或男性从而成为同性恋者。虽然弗洛伊德这一理论受到了后人的很多批判，但不可否认，儿童最初的性别概念是从父母那里获得，并影响他们的交往和婚恋关系。

青春期男女交往有一个具体的发展过程，随着他们的交际圈由父母扩展到同伴群体，当进入性生理和心理发育成熟时，他们的交往偏好由疏远逐渐向相互吸引过渡。开始时，女孩更偏好与女孩一起游戏，男孩也同样偏好与同性游戏，他们在寻求同性认同，确认自己的性别与同伴是一致的，这是两性的"疏远期"。根据美国心理学家赫洛克的理论，将青春期的性发育分为4个阶段，在"疏远期（性反感期）"青少年由于发现了人类的性奥秘而产生了对性的不安、害羞和反感，认为恋爱是不纯洁的，对异性采取回避、冷淡的态度。经过一到两年的疏远期，青春期的异性之间开始渴望相互了解并相互吸引，进入异性认同期，即有魅力的男人得到女生的欣赏，美丽动人的女人得到男生的喜欢。17—19岁是接近异性的狂热期，他们努力引起异性的关注，努力创造机会与自己喜欢的异性接近。这个时期每个少男少女心中都有一个属于自己的"白马王子"或"白雪公主"，那些大方开朗的青少年大胆向对方表露自己的情感或者故意与对方发生各种争执以引起对方的注意和关心，而内向的青少年，他们更愿意守住自己的秘密，在心里默默地喜欢一个人，之后逐渐发展到成熟期。

随着自身发展和经验积累，青少年心理发展不断变化，少男少女所倾慕的对象也会不断发生改变。由于青少年发展的不成熟，自我意识过强，审美和价值标准不稳定，情绪焦虑等原因，造成这一时期的男女青少年困惑较多这一普遍的心理现象。案例一中这个女孩的心理现象是很正常的，也是许多青少年都会出现的困惑。很多教师和家长对青春期孩子相互爱慕的感情很担心，认为这种感情是不恰当的行为，认为"早恋"对孩子的学习百害而无益，其实这是一种误解。"早恋"不是恋爱，只是少男少女表达喜欢的一种正常情感反应，这个时期是异性交往和恋爱婚姻教育的关键期，教师和父母都不应该错过这个时期。在中国文化背景下，容易忽略早期的恋爱和婚姻教育，一旦关键期被错失，等到青年后期发现他们的婚恋方面存在问题再进行教育就来不及了。

青少年期发展的不稳定性，社会认知不足，情绪的易波动性，家长和教师担心"早恋"分散学生的注意力、精力导致学生成绩下滑，这些是我们要面对的实际情况。有很多媒体报道一些青少年对性知识的缺乏导致女生怀孕流产，也误导了家庭教育和学校教育。案例二中母亲的不恰当应对就增加了孩子的压力，不仅不利于问题解决，还使问题更复杂了。

　　为了青春期少男少女的健康成长，父母和教师要理解他们在正常发育过程中表现出来的特殊性和复杂性。青少年内心有了很多想法，以往的同伴群体交往已不再能满足他们的心理需要，他们渴望亲密关系，渴望将自己的秘密与亲密的人分享。通过亲密关系的建立与维持，能更好地建立"自我同一性"。"自我同一性"是由美国心理学家埃里克森提出的，是指个体在特定环境中的自我整合与适应之感，是个体寻求内在一致性和连续性的能力，是对"我是谁"、"我将来的发展方向"以及"我如何适应社会"等问题的主观感受和意识。

　　塞利格曼等人提出积极心理学研究的三大支柱分别是：积极情感体验，积极人格特质和积极社会组织系统。积极心理学的三大支柱之间是相互联系的，积极人格的形成是建立在积极情感体验获得基础上，反之积极人格又增加了个体获得积极情感体验的可能性，而积极社会组织系统则为前两者的获得和形成提供了社会支持，因此这三者是真实而复杂的互动关系，缺一不可。青少年是人格发展和形成的重要时期，教育不仅仅是教授学生具体的知识，更主要的是寻找和培养学生的积极品质，包括外显的和潜在的积极品质；而积极品质的培养主要是通过对个体的各种现实能力和潜在能力的激发和强化来实现的。当激发和强化使某种现实能力或潜在能力变成一种习惯性的工作方式时，积极人格特质也就形成了。从积极心理学的角度如何看待早恋现象？

　　第一，自我决定理论是积极心理学中积极的人格特质研究的一个重要领域。自我决定理论认为人有先天的三种需要：自主需要，能力需要和关系需要。当这三种需要得到满足时，内在动机最有可能发生，人们会得到幸福感并发挥人的潜能。从某种程度上说，人在恋爱的过程中能体验到更多的积极的情绪体验。虽然青少年之间的感情是不稳定、不成熟的，但是这种亲密关系能激发他们更多的积极情绪体验。这种积极的情绪体验，使学生对生活的态度更具开放性，激发出更多的学习热情与动力。案例二中母亲看到儿子有恋爱的倾向表现得非常焦急，甚至还动了手，这种威逼的态度会使孩子对母亲产生厌恶感，影响亲子关系，而且孩子很可能在情感的道路上越走越远。

第二，"镜像自我"理论认为"我"是与"他人"面对面的产物，他人好像一面镜子，我的自我意识来源于他人怎么看的我。可见，镜像自我就是他人对自己作评价与判断时形成的自我概念。正如库利所说，人与人之间相互可以作为镜子，都能照出他人面前的形象。青少年时期也是自我概念形成的重要时期，他们尤为重视自己在异性心中的形象，在男女相处过程中，他们不仅看到自己心中的我，也能看到别人眼中的我，男孩唯有从女孩的眼里才能读出社会对男性的期望，女孩也只有同男孩交流才能知道社会对自己的要求。恋爱中的少男少女能够相互欣赏，这种欣赏更能强化青少年自我概念中积极的品质。

第三，学生青春期的异性交往和性别认同是人生的一项阶段性发展任务。很多家长和教师认为只要学生的成绩好，其他事都可以不管不问。忽视发展阶段的重要任务会人为地造成心理障碍，等到青年期想要进行异性交往时才发现有问题就晚了。为了高考，一味地打击青少年情窦初开的心理反应，禁止他们的异性交往，非常不利于他们的健康成长。青少年在两性相处过程中，更能体会到设身处地为他人着想，体验除父母以外的依恋关系，这种依恋关系对青少年成年后的正式的恋爱关系建立无疑是大有裨益的。

应对策略

针对青少年的恋爱，不能视而不见更不能粗暴阻止，那么当教师发现班上学生有恋爱迹象时又该如何正确引导呢？

第一，"早恋"不以结婚为目标，"早恋"不是恋爱，"早恋"只是对异性表达爱慕的正常的情感反应。学生进入青春期后相互喜欢，是身心健康发展的必然表现，很多教师谈"早恋"而色变，是对青少年的误会，不了解情感发育的心理历程。很多教师看到班上学生相互喜欢，虽然没有指名道姓也会含沙射影地批评，这样必然增加学生的压力，对他们的健康成长不利。青少年的心理不成熟，自尊心强，又很敏感，很在乎别人看待自己的眼光，教师措辞不当很容易造成相反效果。对一些相对内向的学生而言，教师的某些过激语言容易使他们对号入座；而对那些外向的学生，则更容易引起他们的逆反。心理学上有一种"罗密欧与朱丽叶"效应，即当出现干扰恋爱双方爱情关系的外在力量时，恋爱双方情感反而会更坚定，恋爱关系也因此更加牢固。所以当发现学生"早恋"时教师不必如临大敌，过度紧张，应给学生以适当的关心、理解和支持，保护学生的自尊心，引导学生合理适度地与异性交往。

第二，对中小学生而言，学业是主要任务，身心发展同样也是重要任务。教师要利用好青少年这一时期情感发展的特点，提高异性学生的交往品质。当一名学生喜欢另一名异性时，他们更敏感，会很在意自己的行为对他人的影响，这是很好的教育引导时机。教导学生要想受到异性青睐，首先要使自己成为值得爱的人，培养自己的优秀品质。男孩要成为有责任心的男人，女孩要成为善良独立的女人，这样才能为一段感情提供坚实的基础。

第三，青少年心理发展还不成熟，容易被自己的情绪左右，陷入混乱，因此遵守和养成良好的行为习惯尤其重要。虽然"早恋"不是真正的恋爱，但是他们投入了很多真实的感情，也可能建立起亲密的依恋关系。一旦关系遭到破坏，教师要教会他们妥善地处理矛盾、冲突和分手。这个时期的青少年很容易因为这些问题处理不当而受到伤害。所以教师和家长要引导学生处理和管理好自己的情绪，引导学生进行积极归因，把握好行为分寸，养成符合社会规范的行为准则，用积极的心态面对，以免学生因感情受挫从此一蹶不振。

第四，从青春期异性交往中获得的愉快的情感体验，以及从父母那里得到积极反馈和支持，有利于学生成长为一个自信、自尊、独立、自强的男性或女性。青少年对异性有兴趣，有交往的冲动，这是给青少年进行性知识性健康教育的好时机，利用有关课程或主题班会课开展教育是非常有必要的。过早的性生活不仅对学生的学业产生不良影响，对他们的身体健康也不利，尤其是对女孩的伤害更是不可估量。所以教师不妨提早对学生做好性知识的传播，做好预防工作。

参考文献

［1］林崇德.发展心理学［M］.北京：人民教育出版社，2008.

［2］张文新.青少年发展心理学［M］.济南：山东人民出版社，2003.

［3］杜红梅.积极心理学对青春期心理健康教育的启示［J］.山东省团校学报，2010(4).

［4］周嵚，石国兴.积极心理学介绍［J］.中国心理卫生杂志，2006(2).

［5］丁俊霞，师彦洁.积极心理学视角下的中学心理健康教育［J］.南昌教育学院学报，2010(1).

［6］崔丽娟，张高产.积极心理学研究综述［J］.心理科学，2005(2).

5. 抑郁情绪与解释风格

抑郁，对现代人来说是个越来越沉重的话题，也有心理学家说这是一个抑郁的时代。患病的人越来越多且出现低龄化趋势，有些中小学生就因抑郁自杀，他们本该在最童真最美好的年龄，可内心却郁积了巨大的痛。这成为这个时代的一个特点，也是这个时代的悲剧。

曾有一个社团对中学生抑郁焦虑状况进行跟踪调查，结果显示学校里50%以上的学生都有不同程度的抑郁症状，比上一年上升了近7%，其中有20%属中度至高度抑郁，需接受心理治疗。抑郁给学生带来了极大的身心痛苦，他们心理上感到压抑、孤单，心情焦虑，担心，害怕，难过；他们经历着失眠、注意力不集中、消化不良、身体不适等痛苦。这些现象急需改善和化解。

---- 案 例 ----

以下是初中生小辉写给杂志社的一封信：

我这人，整天不高兴，觉得自己每天都碌碌无为，而且还会给别人造成麻烦。我的性格比较内向，也不太爱说话。其实我也想像别人一样，性格开朗，善于言谈，但我却不知与同学说什么。我想说的，我所想的，我觉得与其他同学不一样。即使说了，我总觉得我得不到同学们给我的正面反馈，他们好像觉得我说的话不合时宜，或者觉得我说了很奇怪的话。所以我不愿与同学说话，总觉得别人都看不起我，这种心情一直困扰着我。我会把自己做错的事、别人也许并不在意的事反复思量，认为是自己的错、自己太笨，因而很难过，甚至背着同学偷偷哭，总是处于苦闷状态。每当自己做错了或者做差了一件事时，我觉得天都快塌下来了，我怎么会笨到这种程度呢？别人肯定也都觉得我笨死了，没有人会愿意和我这样的傻瓜一起玩的。我最痛苦的还是晚上。在临睡前，我会想这一天发生的事，如果有不顺心的事，我总会想是自己没有做好，我好像什么都做不好，越想越难过，这样我就难以入睡。睡不着，我又焦虑，想着晚上睡不着，白天上课会打瞌睡、耽误课。我非常痛苦，心情也总是处于压抑、郁闷的状态中，甚至不想活了。我的未来是痛苦的、毫无希望的。我觉得我什么也做不了。给您写信的时候是我最痛苦、最难受的时候，我想向您倾诉，想问我的心理是否有病，是否应找心理医生来看看？我真不知道该怎么办才好。

分析

现在很多中学生也和案例中小辉一样在经历着这种痛苦、压抑的状态。他们生活在焦虑的心境中，内心孤独却不愿向同学和老师倾诉；学习上无法集中精力，情绪低落，反应迟钝；他们有较强的自尊心和成功的愿望，害怕老师和同学们任何一丁点的不好回应，如果做错了一件事，他们的自尊心就跌落到极点；他们对挫折的承受力差，经不起失败的打击，常常因考试的失败而感到痛苦和恐惧；感到前途渺茫，对自己的未来没有信心也不抱希望。这些心理和行为都是在抑郁情绪状态下的表现。

现在中学生抑郁情绪高发的原因主要有以下几点：一是在学习中对自己期望过高，很容易因失败感到苦闷和彷徨。在无法达到既定目标时，便产生了无能感，陷入自轻、自贱的抑郁情绪中。二是由于个性发展的不成熟，对失败的原因无法作出正确的解释，案例中的小辉便把自己做错事的原因归于自己太笨。中学生对自己的认识比较片面，做错了一件事便容易全盘否定自己，不能正确认识自己，经常对自己否定会导致自尊感降低。如果总是认为自己做不好事情，每次尝试都给他带来挫败和无能感，那么他便不会再去尝试做别的事情。三是来自老师和父母的精神压力太大，除学习外没有其他任何的社会交往活动，学习生活非常单调。当这些压力超出了他们承受的范围时，会产生无能为力感，认为自己无论怎么做都不能使老师和父母满意。

引发中学生抑郁心理的往往是生活和学习上的无助、无望和自我无能感，如果长期处于焦虑和恐惧心理状态之中就会对前途丧失信心。抑郁心理是中学生中较常见的一种心理失调症，是中学生感到无力应付外界压力而产生的一种消极情绪。有抑郁情绪状态的学生习惯性地把不好的事情糟糕化，并且把所有错误归咎于自己，在脑海中反复思考，越想越难过，以致无法自拔。

每个学生都有遭受失败或者不顺利事情的经历。不是失败或者不顺导致他们的无能感，而是他们对这些事件原因的解释以及对自我的错误认识导致的。心理学中将对事件原因的解释称为解释风格。解释风格分为三个维度，分别是永久性、普遍性和人格化。那些容易患抑郁症的人认为，坏事情发生在他身上的原因是会永久存在的，既然永久存在，坏事件就会不停发生。相反，抗拒抑郁的人则相信坏事情发生的原因只是暂时的。小辉认为"自己总是做不好事情"，这个"总是"说明小辉将事件作了永久性的归因解释。事件原因的普遍性则会影响其他许多事情的预测。一件事没有做好，悲观的人会认为其他的事情也做不好，从而发展为"什么事情都做不好"，这是"普遍性"的表现。人格化是指当坏事发生时，有人会将原因怪罪于自己，也可能怪罪其他人或是环境。失败时经常习惯性地责怪自己的人自尊心强，他们觉得愧疚、羞耻。小辉认为"都是自己的错"，就是一种将事件原因人格化的表现。

案例中的小辉在遇到不顺心的事情时，习惯在脑海中反复思考，认为是自己的错。反复思考是一种反刍。悲观的反刍是指反复咀嚼不如意的事情，一再告诉自己事情有多糟，自己有多差劲。悲观反刍会加快抑郁的进程。在受到无助感威胁时，悲观的人会将威胁的原因解释为永久的、普遍的以及人格化的。因此，预期的未来也是无助的，这种预期引发了抑郁情绪。反刍会使这样的预期常常发生，越频繁发生当事人就越抑郁。

塞利格曼教授根据归因理论提出的解释风格理论可以帮助我们理解抑郁和克服抑郁。他认为乐观和悲观是一种解释风格决定的，而不是一种普遍的人格特质。塞利格曼教授用"解释风格"对人格进行了描述，把人格分为"乐观型解释风格"和"悲观型解释风格"。

"乐观型解释风格"的人会认为失败和挫折是暂时的，是由某个特定的具体原因或情境事件导致或引起的，而且这种失败和挫折只限于此时此地。乐观型解释风格者，无论是面对失败，还是面对成功，其解释的结果总是能对自身情绪起到积极的作用。因此，他们会努力去改变现状，争取成功。"悲观型解释风格"的人则会把失败和挫折归咎于长期的或永久的因素，或归咎于自己，并认为这种失败和挫折会影响到自己所做的其他事情。因而悲观型解释风格的人更容易压抑自己，并形成抑郁情绪或抑郁的人格特征。

解释风格是一种习惯性的思维模式，它表明了你是乐观还是悲观的。积极心理学研究表明，学生的习惯思维模式即他们的解释风格是可以改变的，通过合适的训练就能够把悲观的解释风格改变为乐观的解释风格，这样就可以战胜抑郁，走向积极乐观。

案例中的小辉就是典型的悲观型解释风格。长期处于这种状态便会导致抑郁，抑郁症是悲观的终极表现。

当孩子遇到困难和挫折时，如果用悲观型解释风格去思考，孩子会把别人的错误或者其他客观因素也揽到自己身上，担负一些不必要的责任。他们会"灾难化"所接触的事，以偏概全，无限推论所面对的处境。长期有这种悲观想法的孩子不仅行为习惯会改变，而且大脑结构也会发生变化，从而形成抑郁、悲观的人格特点。

这样的学生，教师应该对他们的情绪行为等表示理解，同时让他们客观地看待自己面对的困难，改变思维习惯、让他们意识到自己面对的困难不是那么严重、灾难化的，而是暂时的、可以改变的；他们对事件的理解是不全面的，遇到困难有自身的原因，也有外部的原因，只要改正自己某些不足之处，随着时间和条件的改变，事情就会好转。学会了乐观的孩子不容易变得抑郁。

应对策略

让中学生从抑郁中走出来不是一天两天就能做到的，需要中学生自身、老师和家长长期的努力。想要养成乐观的解释风格，可以从以下几个方面去努力：

首先，学习 ABCDE 模式，学习乐观的解释风格，客观认识自我和评价自我，摆脱无能感。ABCDE 模式是指：当我们碰到不好的事件（A）时，最自然的反应就是不断想它，这些思绪很快凝聚成想法（B），思绪慢慢会变成习惯。这些想法会引起我们的行动，造成一定的后果（C）。乐观的人会反驳自己的错误想法（D），想法改变后，行为也得到激发（E），知道自己该如何去做。可以训练自己每天将不好的事情（A）记录下来，然后写出自己的想法（B），设想由这种想法而产生的行为后果（C）。接着开始反驳，自己的想法是否有正确的依据？从另外一个角度去看问题会是什么样的呢？经过不断反驳，自己的消极想法就会减少很多。

不好的事情，包括学业的失败、人际关系的不顺心、生活中发生的冲突和矛盾等等。在人际关系方面可以学习这么解释："每个人都不是完美的，在同学和老师面前犯点小错很正常，老师和同学也不会因为这些事而不喜欢我，我把这个小错误改正了之后老师和同学肯定会更喜欢我的。"平时也应多参加一些集体活动，多争取一些和同学交流的机会，这样也可以获得同学们对自己比较准确的看法，更有利于形成客观的自我意识，有利于形成乐观的解释风格。

其次，成长经历影响孩子解释风格形成，其中父母对孩子的解释风格影响最大，需要教师特别关注。孩子的解释风格是小时候从父母那里学到的，要帮助孩子牢固地形成乐观的解释风格，父母应做到坚持乐观的解释风格，用以身作则的榜样行为影响孩子。如果父母给了孩子很多的消极影响，使孩子形成悲观的解释风格，就需要教师在教育引导时让学生看到家庭的不足，理解父母的消极影响，从而逐渐走向独立，学会健康的社会行为模式。让消极的解释风格逐步转变成积极乐观的解释风格需要较长时间的努力。

最后，教师要抓住一切教育机会，让学生体验积极情绪，认识到乐观解释风格对自己成长发展的积极影响。教师在批评孩子时，对其成绩下滑或考试失败应给予公正合理、恰到好处的分析，这样做有助于他们形成乐观的解释风格。否则，多次的失败易使学生把所有的消极结果归咎于个人因素，不利于他们的进步与发展。公正和恰到好处的分析应该要指出孩子成绩下滑或者考试失败的具体原因，越具体越好。有些具体的原因是暂时性的、特殊性的，通过努力是可以改变的。这样才有利于学生乐观解释风格的形成，也有利于学生完善自己的不足之处。

6. 考试焦虑与意义理解

高考的重要性不言而喻。虽然今日的高考与从前的科举考试不同，在古代只要中状元、进士就可以高官厚禄，现在的高考只是获得了一个更高的学习机会而已，要获得成功还要长期持续地努力，但不可否认，社会现状仍然是通过高等教育把一代年轻人进行了社会再分配，因此高考对于年轻人的人生发展依然具有重要意义。

很多家庭都期待通过高考改变命运，为了高考而学习至上。这种为了高考而持续的学习，单调枯燥，缺乏成就体验，必然会导致各种心理问题出现，考试焦虑症便是一种普遍发生的现象。

考试焦虑对学生影响巨大，对于有严重考试焦虑的学生来说，高考成了学业的终点，考生的末日。

案　例

某重点中学高三学生小周，自升入高三以来，感到身心疲惫，做什么事都感到有心无力。学习时间稍长就哈欠连天，头昏脑涨，注意力不集中，嗜睡，有时星期天睡上一整天，也觉得不解乏，仍然浑身酸懒无力。进入高考总复习阶段，学习任务越来越重，他开始失眠，即使好不容易睡着了也经常惊醒。为了调整睡眠，他不知比别人多花了多少时间，但依旧感到头脑昏沉，每晚需靠安眠药才能入睡。

> 小周感觉大脑反应越来越慢，记忆力下降，学习效率明显下降。在焦虑的同时，小周又产生了自卑和嫉妒心理，觉得其他同学状态都很好，而自己却不断退步。一向内向安静的他，变得越来越急躁、冲动，他自己都说不清楚原因。

分析

每年高考都会引起社会普遍关注。这么多年来高考被解读成各种复杂而沉重的含义，不仅仅是人才的选拔和再培养，而且是直接等同于人生成功，考取好大学就等于有了好前途。这样的解读让考生戴上了高考枷锁，给他们增加了沉重的心理负担，考生的考试焦虑也显著增加，而接受高等教育的意义完全被曲解或忽略了。

高考是选拔性考试，对学生的人生发展有较大的影响，但是过度强化这种无法预知的考试结果，使学生对未来更加没有掌控感，考试在他们看来成为一种威胁性刺激，因而就会产生紧张焦虑反应。像案例中小周这样的高三学生有很多。考试焦虑产生时，会伴随一系列的生理反应和心理反应。生理上会出现肌肉紧张，心跳加快，血压升高，多汗，手足发凉等；心理上产生苦恼、烦躁、无助、担忧等情绪体验，有时也会产生胆怯、丧失信心和自我否定等心理症状。当考试焦虑加剧时，其状态反应也更为强烈，会伴随发生躯体反应，如眼花耳鸣、头昏脑涨、注意力无法集中、思维僵滞、效率低下、睡眠障碍等。严重的考试焦虑靠学生自己的力量很难排解，需要家长、老师、同学，甚至心理咨询师、精神科医生的共同帮助。

考试焦虑是在应试情境刺激下，受个人认知、评价、个性、特点等影响而产生的担忧考试成败、以情绪紧张为主要特征的心理反应状态。根据耶克斯-多德森定律（Yerkes-Dodson Law），操作和动机之间的关系，即紧张的动机和学习成绩呈"倒U形曲线"（如下页图），即焦虑水平过低、动机过弱不能激起学习的积极性，学习效率在一定范围内随着焦虑的增强而提高，但过强的动机表现为高度焦虑和紧张，反而引起学习效率的降低。考试过度焦虑不利于复习和应试，它不仅会降低考生的学习效率，影响考试成绩，也会影响考生的身心健康。考试焦虑是目前中学生普遍面临而又迫切需要解决的现实问题。考试焦虑的形成与个人的认知评价、个性特征以及心理压力等有关。因此，采取一定的合理有效的心理调适，对减轻和消除学生的考试焦虑具有重要作用。

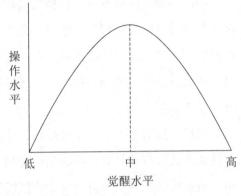

案例中的小周承受着巨大的高考压力，身心疲惫，情绪烦躁，学习效率下降，同时具有身体疲乏、失眠等躯体症状，并且持续时间超过一个月，说明他的焦虑已经很严重，急需治疗。

心理学研究发现情绪是人类身心状况的重要预警系统，情绪反应会触发特定行为倾向，如恐惧与逃跑、愤怒与攻击、厌恶与排斥等。人类在长期进化过程中保留下来的消极情绪优先反应的能力具有适应环境的意义。消极情绪能使个体在威胁情境中获益，当个体感到生命受威胁时，消极情绪会使个体产生一种特定行动的趋向（如体验到恐惧时，流经肌肉群的血液增加，从而为逃跑或抗争作好准备），并会窄化个体的思维行动资源，从而使个体更加专注于即时的境况，迅速作出决定并采取行动，以求得更多的生存机会。

在人类的进化过程中，消极情绪及其特定行为往往能够提高人类的生存或生育概率，这在人类的进化中起到了关键性作用；消极情绪及其特定行为的作用也会通过遗传保留下来。因此，人类对消极事件的印象往往非常深刻，这就是"消极事件偏差"，同时这也会导致人类更容易有焦虑、恐惧、抑郁等情绪反应，从而对人类的生活产生消极影响。

在现代生活中抑郁症发病率普遍较高，临床医学和心理学对抑郁症的研究也较广泛和深入，人们对消极情绪体验的功效了解得比较多，运用得也很多，而对积极情绪体验的功效和价值认识较少，应用得更少。

积极心理学研究发现，积极情绪具有完全不同的适应价值，当个体在无威胁的情境中体验到积极情绪时，会产生一种非特定行动的趋向，个体会变得更加专注并且开放，在此状态下，产生尝试新方法、寻找新的解决问题策略、拥有创造性的冲动。积极情绪通过促使个体积极地思考诸多行动的可能性，从而拓展个体的注意、认知、行动的范围。这是积极情绪的拓展功能。例如兴趣，通常产生于安全且新奇、神秘、具有挑战性的情境，能够激发个体探索的认知行动趋势，不断获取有利于目标实现的知识和经验。在此过程中，新的想法、经验和行动极大地拓展了个体的思维和行动。这是积极情绪的建构功能。

由此看来，在教育过程中如果一味地使用消极情绪的功效而忽略积极情绪的功效显然是极不科学的，对学生自身的学习热情和学习动机会产生巨大的伤害，甚至破坏学生的自我存在价值。通过调动积极情绪，学生在学习的过程中不仅可以获得知识，同时也能开阔视野、提高认知和创造能力。

案例中的小周在高考的巨大压力之下出现了很多情绪甚至躯体症状，一是因为其个体承受压力能力相对较弱，二是没有很好的应对压力的方式。一般来说，个体在面对压力时会自然产生消极情绪，它会阻碍个体感受其他情绪，从而使个体只能感受到消极情绪，一旦长期承受压力，就会形成恶性循环，导致一系列问题，甚至抑郁自杀。

应对策略

教师的教育指导思想和教育方法很重要。在指导思想上，教师应该引导学生以平常心来看待高考，让学生明白高考只不过是学业生涯过程中的一次重新洗牌，一次选择与被选择，不是学业的终点，而是一个新的起点，每个人都会有适合自己的发展道路。即使没能进入高等学校，走向社会，也是很好的，是一个新的起点，将来需要或想要学习的时候，大学之门永远向人们敞开着。

在教育方法上，虽然选拔考试有较高的难度，凭结果择优录取，但是现在高考录取率越来越高，因此教育教学是为了让学生获得成就感、发展得更好，而不是让学生在高难度和大作业量的训练下被摧毁斗志。高考复习的科学性在于让学生一直保持昂扬的斗志和必胜的信心，对自己的学习能力和水平具有清晰的认识，对考试成绩和目标学校具有现实的掌控感，这样学生才会在自己现有的水平上开发潜力，取得更好的考试成绩。要做到这些，下面三个来自积极心理学的建议是非常重要的：

首先，努力减少学生在高考复习过程中的消极情绪体验。通过反驳消极思维可以认识到消极思维的不合理性，运用认知行为治疗的种种方法都可以帮助待考学生正确认识压力事件从而减少消极情绪。要认识到对问题的无休止的担忧和思维反刍是降低积极情绪的重要原因，在思维反刍发生时通过分散思维，如有规律地运动，既可以有效减少消极情绪，也能够使精力充沛。当失眠产生时，不要纠结于失眠的坏影响，只要安静地休息就好。同时，努力改变消极的周围环境，减少消极刺激源，降低消极情绪发生的概率，父母老师不要给孩子过大的压力，要为孩子创造一个轻松且并非只有学习的环境。

其次，尽量增加学习中的积极情绪体验。用积极的方式来思考各种事物的意义，要正确理解"吃得苦中苦，方为人上人"的含义——努力付出，克服重重困难，实现自己的目标，体验真正的成就感和价值感，而不是要胜过或打败某人。从积极的事件中寻找好的方面，反复体验其中的积极情绪，将积极的事物变得更加积极，比如当每次考试取得好成绩或学到了一个新的知识点时要反复品味这种快乐，养成与别人分享的习惯。不是每个人都能学好每一门课，不能只专注于学得差的学科，要发挥自己的优势学科，将优势学科的成功经验迁移到其他学科的学习中去，通过优势学科建立起来的自信将会有助于其他学科的学习。

学会享受自然的美好，适当参加户外活动可以让人看得更远，并拓展思维。坚持适度的有规律的体育锻炼，即使再忙，也要把锻炼当成重要事件去完成，当个体有充沛的精力时就会有更好的学习效率。

再次，高中生对高考有正确的认知也是非常重要的，高考只是高中三年的最后一次作业，是进入高等学校的一次选择。在生涯发展中我们都还有足够多的时间和机会继续选择和奋斗，不能把高考看成是唯一的选择和出路，"万般皆下品，唯有读书高"的理念已经过时了，毕竟高考只是人生中的一个转折点，它既是中学学习生涯的一个终点，更是一个新的起点。

面对高考保持积极乐观的心态是非常有价值和意义的，如何做得更好也需要广大老师和学生共同探索。

7. 学生不懂事与教育智慧

教育培养人是促进一个人更好更快地适应社会要求和社会规范，人的成长过程是一个逐步走向通情达理的过程，而这样的成长过程也是一个比较复杂的心理成熟过程。一个人较成熟，让他人觉得是通情达理的，就是我们所说的"懂事"。

学生需要了解、理解、内化社会的各种规范，同时还要了解、理解自己的特点。学生所经历的各种事件对心理成熟都有促进或迟滞作用，这是学生逐步将自己融入到社会之中，完成社会化的过程。在我们的学校教育活动中，"不懂事"的孩子很常见，他们会让老师感到很棘手，难教育。

―――― 案 例 ――――

老师A说起自己的一个学生：我对她非常好，处处关心她，甚至对她有一些偏袒，但是她就是很不懂道理，经常会有莫名其妙的想法，天真、幼稚、逆反……总之非常不配合我，甚至当面对抗、反对我，故意与我捣蛋，让我难堪，我真不知道该如何教育和管理她了，甚至都要怕她了。面对这样不懂事的孩子，我该怎么办呢？

分 析

"不懂事"可以理解为不成熟，而人的成熟是一个社会化的过程，这个过程是在参与交往实践活动过程中完成的，老师遇到的这类问题大多发生在小学高年级和初中阶段，在其他年级段比较少见。遇到这样的学生，的确比较棘手，教师的教育智慧受到挑战。古人曾经说过"家有五斗粮不做孩儿王"，大概就是说管教孩子是件很麻烦的事情，因为他们不懂事，甚至比较顽劣，教育管教他们真是很麻烦的事情。这个古语其实也告诉我们做好教师不容易，教师是一个专门的职业，有自己的独门功夫。理解学生，教育和引导学生的行为，就是这个独门功夫之一。

当老师说学生不懂事的时候，其实是没有理解学生的独特行为和行为背后隐藏着的想法。所谓"不懂事"，可以理解为学生不懂人情世故，思想行为没有逻辑、不合常理；也可以理解为学生只管自己的想法和感受，不管别人，以自我为中心；还可以理解为固执己见，不愿意改变自己，不配合老师的活动，等等。所有的老师都喜欢乖孩子、听话的孩子，这样的孩子省心，可以让老师在管理上不费力，但这样的孩子却未必就是懂事、成熟的孩子。我们要从孩子成长发展的心理历程来理解"不懂事"这个现象。一般来说，被评价为"不懂事"的孩子很少会有积极的自我特性，即使他生活在一个富裕和充满爱的家庭中，也不会有强烈的幸福感，因为这个孩子得到的体验存在很多问题。

社会化就是由自然人到社会人的转变过程，每个人必须经过社会化才能使社会行为规范、准则内化为自己的行为标准，这是社会交往的基础，并且社会化是人类特有的行为，只有在人类社会中才能实现。"不懂事"往往是没有能够将社会规范和准则内化为自己的行为标准，在交往和沟通过程中出现了问题。而出现这种情况的孩子大多数是被宠坏了，或者与现实社会过度隔离造成的。被宠坏了的孩子常常生活在一个养尊处优、处处以孩子为中心的家庭环境中，父母或老人因为过渡溺爱而对孩子不提任何要求，孩子就养成了为所欲为、不考虑别人的感受和要求的不良习惯。另一种被隔离的孩子，是家庭管教过严，不容孩子与社会接触交流，结果孩子的成长脱离社会现实，对社会感觉陌生甚至恐惧退缩，没法很好地融入周围的社会环境。

防御机制，是由精神分析理论创始人弗洛伊德提出来的，主要是指各种无意识的心理策略被用来防卫、曲解或掩盖不可接受的本能和想法，阻止他们进入意识状态。"不懂事"的孩子们往往都是防御机制不成熟，不能够用有效的策略来应对外界的各种刺激，比如用假装或撒谎的方式应对成人表扬或批评，用逃避或歪曲的方法应对诱惑或压力等等。这种防御机制是否成熟与个人的成长经历、早期亲密关系（客体关系）直接相关，当理解了学生这样的心理特点时，教师就可以采用有效的方法进行沟通交流。积极心理学强调培养人的积极有效的防御策略：预期、合群、利他、幽默、坚持己见、自我觉察、升华和抑制等。这些防御策略可以有效地平衡个体的内在冲突，并适当满足欲望，同时也允许本我的冲动和超我的期望同时出现在意识中。

人在成长过程中必须面对两个成长的任务，一是完成自己的社会化过程，二是要建立起自己的良好的健康的防御机制。这两者都要适度适时地成长发展，否则就会被评价为"不懂事"。其实每个人在自己的成长经历中都有被人评价为"不懂事"的时候，这是阶段性的年龄特征，又是成长过程中始终面临的课题，即使是成人如果不能及时学习和适应环境的变化，也会出现被评价为"不懂事"或"不识时务"的情形。

学生"不懂事"一般会有几种表现。一是不知道如何正确表达自己的需要。这种学生往往在班级里成绩不够好，习惯也不尽如人意，他们容易被忽略，所以他们基本的被关注，或交往的需要都得不到满足，于是通过做出异常举动来表达自己的需求。二是找不到合适的方法和途径满足自己的需要，学生想要什么自己心中很清楚，但想不出不合适的方法来要求老师或同学予以满足。三是只顾自己不顾别人，自我中心，没有自我控制能力。自我控制能力是情商的重要表现，很多孩子缺少这种训练，在家庭教育中没有明确的原则标准，孩子没有在某些场合要遵守一定规则的意识和习惯。四是没有合作意识，在团队中找不到自己合适的位置和角色，行为特殊。与人合作的前提是能够包容和适度的妥协，而妥协很可能要委屈自己，"不懂事"的孩子不知道也不会妥协，于是常常被看成是无理取闹、不讲道理。

引发以上症状的根源从精神分析的角度来看，在早期的成长经历中，孩子错过了受教育的关键期，或者说在某个关键期没有适当的教育和良好的发展。以埃里克森的发展阶段理论的基本观点为例简要表述如下：0—1周岁，婴儿期，是建立对人际关系的信任感和安全感的关键时期；1—3周岁，幼儿前期，是发展自律性、培养能力感的关键期，决定能否自觉主动地循规蹈矩适应社会；3—6周岁，幼儿后期，是培养性别意识和性别责任感的关键期；6—12岁，学龄期，是培养勤勉性的关键期，为将来完成工作、创造成就和获得他人认可做好准备。

人的社会化的过程是从家庭开始逐步实现的，首先是父母代表着社会规范的执行者，让孩子在安全和充满爱的环境中接受社会规范要求，然后逐渐接触和走向社会，在学校完成进一步的社会规范化要求，养成良好的习惯，完成各个阶段的发展任务，这样可以让孩子逐步走向成熟。但是"不懂事"的孩子心理行为特点与年龄心理特点有很大的差距，于是被看作行为幼稚，不遵守基本的礼仪、规范等，背后还可能存在着人格发展的一些缺陷，如果在这个时期还不引起重视，到了青年或成年期再想纠正就更加困难了。

从积极心理学的角度来看，孩子在成长过程中获得体验时，如果没有稳定的行为规则，就没有遵守规则之后获得的成功体验，更难以体验到所有的人在遵守共同原则下进行活动相互和谐、彼此协作的经验，他们同时缺乏自我观察、自我反省的能力，这样"不懂事"的孩子很难教育，因此这些孩子需要在交往实践活动中重获经验，积累成功体验才能走向成熟。

应对策略

有了心理学指导，应对"不懂事"的学生就不再棘手了，重要的是要注意以下几点：

- 相信人之初性本善的人性观，接受完整的孩子，包括所有的优点和缺点。作为教师首先要聚焦于学生的优点，看到学生的成长和进步，同时也接受他的缺点和问题，耐心等待他的成长和进步。这种接受的态度是做好教育教学工作的重要前提，而且要把这种接受的心态传递给孩子的父母。

- 为孩子设立一种较高的但可以达到的标准，在孩子实现这些标准的过程中提供支持。每个孩子都有自己擅长的方面，在这方面为他设定一个较高的标准并帮助他实现，这样他比较容易获得成功经验，获得自信，提升自尊，这对于每一个孩子来说都非常重要。

- 对这样的孩子需要采用一种稳定的权威性教养方式，教师和父母都是这样的稳定性权威教育的执行者，可以通过一些生活小事来影响孩子，为他们设立好的行为示范，并使用一定的强化方法。父母和老师都是社会规范的执行者，他们的权威性某种程度上就替代了社会规范，这种稳定的权威可以让孩子找到自己的行为标准，逐渐养成习惯并内化成自己的行为准则。这一方面需要老师、父母严格要求孩子，同时又要尊重孩子，尤其是要通过生活小事来逐步教育和引导，孩子就会慢慢成熟、懂事。

- 通过运用积极的解决问题的方法去应对生活挑战，为孩子提供一个好的学习榜样。在生活和学习过程中，教师和父母的示范作用很重要，积极应对生活挑战的方式可以让学生看到榜样的为人处世，具有很好的影响效果。

- 在孩子低能力领域提供技能训练。有些学生在某些方面的能力的确比较弱，就需要专门为之提供补偿性教育，增加专门的训练，以提高那个领域的能力，而不至于因为某个特定领域的落后而成为其成长的障碍。在这样的过程中设定总体目标的同时，要设立一系列比较小的但可以达到的目标，以此保证持续产生成功体验。当目标实现之后，认可获得的成功体验，并预期在下一次追求相似的目标时能力如何，让孩子想象经过自己努力获得再次成功的体验。也可以引导孩子观察其他通过不断努力实现了与自己有相似目标的人，学习他们的经验，分享他们的快乐。

- 在社会关系网中安排一些重要人物或教练，这些人知道孩子希望在某些领域获得成功，并会鼓励孩子实现这一目标。如果有这样的条件，这是非常有效的一种培养方法。

面对"不懂事"孩子，教师难免会有烦躁心理，因此有时也会推卸责任，责怪父母，或表示无能为力，回避退缩，这是教师的消极心态，不利于做好工作，也不利于学生成长。老师需要加强心理学知识的学习，当我们真正了解学生的心理特点，掌握有效的方法后，应对他们就能游刃有余，成竹在胸，使我们的教育教学工作知己知彼，"百教百胜"。

8. 离异家庭与重建安全感

有专家曾说适度的离婚率是社会文明和进步的标志,但是因离婚产生的心理创伤和心理问题困扰着许多人,很多人期待心理学可以为这方面的困扰提供有效的解决方法。现在学校中父母离异的孩子比较多,因父母离婚而导致各种心理问题的孩子也比较多。面对这样的孩子,教师如何提供帮助和支持,是值得深入讨论的。

案 例

来自教师C的自诉:我们班级的同学大多数都很可爱,表现好,他们也喜欢上我的课,但是最近有同学因为父母离婚而导致行为表现判若两人,以前各方面都不错的孩子,现在的表现很差,学习不认真,作业不按时交,脾气也变差了,对老师的话阳奉阴违。面对他们现在我不知道该怎么办,眼看着学生一天天在改变,心急如焚而又无从下手。

分 析

C老师的这个问题,其实很多老师都遇到过。父母离异对孩子来说是重大的心理创伤,家庭发生变故,孩子失去了安全感和稳定感,他们觉得无所适从。尤其是当父母在激烈的矛盾冲突中,经常吵架,处于小学或中学阶段的孩子的情绪将受到巨大影响,行为表现也会有很大的改变。面对这样的学生,教师没有受过专业训练是很难有所作为的。如果学生有良好的师生关系为前提，老师们又有基本的处理问题的经验和心理学的知识技能，将会对学生的健康成长发挥重要的作用。许多关于儿童发展和婚姻家庭的研究成果，都会对老师如何与离异家庭的孩子相处有着启示作用。

离异家庭的孩子大多消极，行为混乱，在人际关系中没有安全感，因为他们感觉被最亲密的人——父母所抛弃，也担心被生活中的同伴抛弃，他们常常采用各种问题行为来应对自己面临的难题，这就是他们的问题症状。心理学理论认为这是孩子"安全的依恋"丧失或被破坏而造成的。

"依恋理论假设儿童对于最初的照料者的早期经验使他们形成安全的或不安全的依恋。如果照料者能可靠地满足婴儿的需要，婴儿就会发展出一个内部工作模型，把照料者看成是他们探索外部世界的安全保证，所以他们表现出极大的信心去探索世界。如果照料者不能可靠地满足婴儿的需要，婴儿会把他们看成是不安全的。这时他们矛盾的或回避的依恋方式就表现出来了，或者以包括这两种依恋交替的混乱的依恋方式表现出来。"

安全的依恋感与早期的经验有关，直到成人后这种安全的依恋关系仍然与人的"内在的婴儿"有关。所谓"内在的婴儿"就是"孩子的我"，是自我的一个重要的组成部分。从人格结构来看，人格可分为三个部分："孩子的我"、"父母的我"、"自我"。当父母离异，原有的家庭结构遭到破坏的时候，孩子的这种安全的依恋感受到了挑战。如果在父母离婚之前孩子与父母之间的关系存在问题，离婚之后问题将会更加严重：不一致的教育方式、不安全的依恋、独裁、家庭暴力、被忽略、婚姻关系不和谐等，这些情况将导致孩子难以适应父母离婚后的情况。积极心理学的有关调研资料显示，3—18岁的孩子难以接受父母离异，往往用自己的问题行为来应对父母的离异和分居，这种现象主要是由于孩子自己的内在的安全依恋丧失造成的。

相反，如果孩子能够具有高自尊、内控，对父母分居和离婚现状持现实的接受态度，也有良好的问题解决能力、良好的社会支持，就能够比较好地应对父母离婚带来的问题，健康成长。这样成熟老练的孩子比较少见，大多数孩子面对父母离婚都无法妥善应对。当学生面对父母离婚或家庭矛盾冲突时，教师可以依据学生的心理发展特点提供帮助和支持。

应对策略

离异家庭的孩子面临三个方面的挑战：一是所依恋的家庭解体，安全感丧失，或多或少有被亲密关系抛弃的感觉；二是离异家庭会遇到新的家庭成员出现，继父或继母的关系将会对原有的关系形成挑战，使原来就存在问题的亲密关系更加复杂；三是社会环境对孩子的同情与排斥，孩子会觉得不能融入社会。由此可见，离异家庭的孩子会遇到比较困难的局面，教师对这类孩子的支持会成为重要的社会力量，让他们安心学习，安心成长。

离异家庭的孩子从时间段上可以分为三类：一类是父母离婚正在进行中，这时的家庭矛盾冲突最大，正常生活受到比较大的影响；第二类是父母已经离婚，完整的家庭和温馨的亲密关系已经不存在了，面临新的适应问题；第三类是父母离婚之后再婚，孩子跟随一方进入新的家庭生活，面临新的角色适应的问题。对于这三类孩子，老师应对方式的重点要有所不同，不过，无论哪一类，关键都是获得安全感，都是安全的依恋关系的修复或重建。

第一类：父母离婚极少是突发事件，生活在一起的孩子早就会敏感地觉察到父母间的矛盾，他们往往会通过自己的各种努力来试图缓解父母的矛盾，挽救家庭破裂，但是往往不仅没解决问题反而会受到更大的伤害。面对这类孩子，教师要和他们站在一起，为他们建立一个很好的支持系统，在个别沟通或集体教育中告诉他们：无论父母怎样，永远都是我们的父母，我们需要的是与父母良好的亲密关系、父母对我的爱和我对父母的爱。坚定父母曾经是爱我的，从今以后仍然会爱我。父母之间的问题，是父母自己的事情，孩子是没有办法左右他们的，希望他们能够处理好彼此之间的问题。孩子比较喜欢帮助弱者，而他们在帮助自己认为弱的一方的时候，自己就成了牺牲品。在离异家庭中最需要保护的是孩子，他们才是真正的弱者，因此老师的任务就是要想办法保护孩子，把孩子从父母离婚的漩涡中拉出来，远离父母的矛盾冲突，这样孩子的心态就能调整得比较好。

第二类：父母离婚既成事实，完整温馨的家庭已经不复存在，这个时候处于中小学阶段的孩子是非常焦虑的，这种焦虑一般被认为是分离性焦虑。孩子缺乏安全感，这样的分离性焦虑对他们的情绪、行为会有很大的影响。孩子的心中有被抛弃、被孤立、失去了依靠的心理感受，他们会由此而觉得生活没有意思，学习也没有意思。青春期的孩子更容易自暴自弃，用伤害自己、放弃自己前途的方式来表达对父母离婚的不满、恐惧、焦虑等。当孩子处于这种情绪状态时，老师的教导很难奏效，特别是很多孩子认为家丑不可外扬，不愿轻易把自己的家庭问题告诉老师。即使有些学生之前与老师有良好的关系，也可能因父母离婚而回避老师，不与老师交流真实的情况。这时老师的耐性和韧劲受到挑战，如果能够坚持与学生保持良好的沟通，理解、关心、帮助和支持学生，学生一般能被感动而放下自我保护的外壳，从老师这里获得帮助。

第三类：父母离婚之后再婚将会给孩子带来新的挑战。积极心理学研究发现，大多数离异家庭的孩子都抵制继父母的到来，10—15岁的孩子抵制得最为强烈，而且父母再婚对女孩比男孩的消极影响更大，新婚姻关系的满意度高对男孩子有积极的作用，而对将要进入青春期的女孩是一个风险。男孩能够从自己的母亲与继父的满意关系中获益，并从继父那里学习新的生活和社会互动技能，而对女孩来说，母亲的新婚关系威胁了她们母女的亲密关系，她会经常以增加自己的行为问题和心理问题来回应，这样就会给家庭和学校带来很多的烦恼。一般来说，等孩子告别青春期之后父母再婚，孩子会比较适应。

对于这样的孩子，如果我们能够及时给予心理疏导并建立良好的咨询关系或师生关系，让孩子感觉到有良好的环境支持是非常有效的帮助。一般来说在学生能接受的关系中，强化孩子长大了、具有独立性和自理能力，并且让他多回顾曾经的成功快乐的体验，比较有益。另一方面，老师需要具有强大的心理力量，包容和接受学生的各种行为，在良好的师生关系中给学生安全感、依赖感，使学生得到支持和帮助。

社会和学校对离异家庭孩子的歧视是由来已久的，这种现象在国内和国外都有。面对这样的情形，关键是学生自己内心的想法和感受，如果他们自己也有这样的想法就更容易受到外界的消极影响。如果能够让学生理解和接受父母离婚，学生就具有一定的抵御外界偏见的能力。老师可以在自己力所能及的范围之内改善周围的环境，让父母离异的孩子能够得到同伴的理解和支持，体验到同伴团体的温暖和关爱。

离异家庭的孩子也有极少数不会受到消极影响。这些学生的父母比较理性，在处理大人的矛盾时不让孩子参与，更不让孩子卷入，并且始终表达婚姻问题是父母彼此之间的问题，与孩子没有关系，自己永远爱孩子。父母只要能够这样表达和对待孩子，孩子在父母离婚中所受到的创伤是最少的。

当学生家长在婚姻遇到危机时，老师要把这样的理念与家长进行沟通，让学生得到一定保护，虽然在这个时候父母中受害的一方容易情绪失控，但是保护好自己的孩子仍然是父母的重要责任。

老师与父母做这样的沟通时需要很好的沟通技巧，基本原则是：老师要持中立态度，对学生父母的离婚问题不予评判，尊重他们的决定，只要求他们尽到责任，保护好孩子；强调孩子永远是父母最大的财富，珍惜孩子，珍惜孩子的人生；父母要尽量让孩子理解自己的行为，有必要的话可以向孩子道歉，请求孩子的原谅，这样对于孩子的健康成长会有所帮助。如果老师能够这样做，家长一般都能比较理性地接受老师的建议。如果遇到不配合的家长，老师的工作则比较难做，但是老师与学生的良好关系仍然是对学生最好的支持。这时如果有专业的心理专家与老师相配合则会有比较好的结果，老师和心理专家还可以组建一些学生自助团体进行集体辅导，也是非常有效果的。

参考文献

［1］Alan Carr. 有关幸福和人类优势的科学：积极心理学［M］. 丁丹，等译. 北京：中国轻工业出版社，2013.

［2］孟万金. 积极心理健康教育［M］. 北京：中国轻工业出版社，2008.

9. 心理免疫和身心健康

人们的健康观念随着时代发展正在发生变化。经济水平发展较低的时候，人们更关注温饱、无疾病的身体健康，但早在公元前5世纪，就有希腊医生认为，人的意识会对身体产生影响。然而，几个世纪后，特别是到了工业化时代，身心分离的思想出现了。在身心分离思想的影响下，人们认为身体是交给医生负责的，精神则是神职人员和心理学家的责任。

其实，心理问题和生理疾病是相互作用的，但是心理问题并不会直接导致生理疾病，更多的是因为心理上的应激和消极情绪会削弱自身的免疫系统，因而变得更容易生病。在沮丧忧郁的时候，抑郁等心理过程会阻碍采取积极有效的健康措施；在情绪紧张的状态下，身体免疫系统功能会减退。应激会降低身体对各类疾病的抵抗力[1]。因此，心理因素会影响我们的易致病性和对生理疾病的抵抗力。

怎样增强自己对应激和消极情绪的抵抗力？越来越多的证据表明，我们可以利用心理自我控制力——思想、态度和情绪，来加强自身对应激和疾病的抵抗力。心理免疫系统就如大脑有一个复杂的监察系统，通过识别和摆脱各种消极情绪，增强积极心态、积极情绪等，对我们的身心健康起到保护作用。

---

[1] 理查德·格里格，菲莉普·津巴多.心理学与生活[M].王垒，王甦，等译.北京：人民邮电出版社，2003.

> **案例**
>
> 小李今年读高三。她原来的生活一直都非常顺利,家庭经济条件中等,学习成绩也不错。然而,风平浪静的生活因为小李身体内长了一个小肿瘤需要做一个小手术而被彻底打乱了。虽然父母一直安慰她,医生也说就是个小手术,只需局部麻醉,开个不足3cm的刀口就能摘除小肿瘤,不会留疤,也不用住院。但小李还是有天塌下来般的感觉。她感觉命运如此不公,为什么这样的事情会落在她身上?她还这么年轻为什么要遭受这样的病痛?她觉得自己会因为手术跟不上学习,手术还会让自己精力不济。手术后很长一段时间,小李依旧心情低落、焦躁、易怒。她觉得自己的身体因为手术变得更差了,她对自己的身体也更加敏感。
>
> 这样的消极情绪影响了她的康复,手术后她的身体真的变得更差了,感冒、头痛、内分泌失调经常困扰着她。她经常感觉上课精力不足,容易犯困,注意力不集中,身体的某个部位总有不舒适的感觉,学习成绩自然也从中等偏上落到班级最后几名了,班上的同学渐渐也和她疏远了。她对自己的学习甚至未来越发没有信心了。

分析

案例中的小李内心脆弱,一旦遇到压力事件,容易产生负面情绪,比如手术前的担心害怕、焦虑紧张等,手术后对身体反应过于敏感。对于这些负面情绪,如果小李能够积极应对,努力做一些身体康复训练,她的身体免疫系统也会增强,不会常常出现感冒、头痛和内分泌失调等症状,身心健康都不会因为一个小手术而变差了。她完全不知道心理免疫系统具有强大功能,可以抵御外界"病毒"并且战胜"病毒"获得自愈。

中小学生难免要经受些挫折以及压力应激事件,比如重大的考试、被老师批评、和同学打架、被父母误解、家庭或者自身意外事件等。由于现在的孩子内心过于脆弱，遇到这些问题时会手足无措、自责、难过，或者愤怒、逃避，这些负面的情绪会削弱人对疾病的抵抗力，严重时会破坏人体免疫系统，有些学生学习能力下降也与此有关。

压力事件和挫折会带来一系列的消极情绪，比如焦躁不安、愤怒、抑郁、沮丧等。然而消极情绪的存在对人类是有益的，可以提高人类的生存警觉性。适度的焦虑情绪是在调动全身的能力去抵御危险，防止侵犯。遇到挫折时，愤怒、焦虑不安、害怕、担心、烦躁等负性情绪的产生是不可避免的，但是，如果过度的消极情绪长期积压在心中会削弱我们的免疫系统，给我们的身心健康带来危害。预防消极情绪的破坏作用需要建立心理免疫系统。

如何避免学生在应对压力事件时产生过度紧张和焦虑，如何避免学生在经历失败和挫折之后产生灾难化的消极情绪，甚至长期沉浸在这种负面情绪中，是一件非常重要的事情。拥有强大的心理免疫系统的人之所以能从负面情绪中走出来，并有解决问题的勇气，关键在于他们对事物的看法是乐观积极的，一次失败不代表永远的失败，失败的原因可能是外部的、暂时的，改变解决问题的方法或许就能获得成功。他们不会抱怨或者责怪自己，而是客观分析失败的原因。

越来越多的医学心理学研究成果表明，注重身心一体的相互作用是解决身心问题的最佳方法。心理因素会导致或者加重生理疾病；生理疾病也会带来产生心理障碍的危险因素。所以，身体疾病的产生并不是单一的生物病理原因，还有心理层面上的因素——心理免疫力。

预防疾病首先要发挥身体的免疫系统防护功能。免疫系统包括大脑和各种血细胞在内的复杂监控系统，通过识别和消灭各种各样的外部侵入病菌，对身体起到防护作用。情感情绪因素对免疫系统会产生影响，积极关注心理因素能使我们做到未雨绸缪。

心理免疫力来自积极心理学研究的成果，积极心理学家发现人类内心的一系列积极因素，如乐观、自尊感、征服感（成就感）、信仰、人际交往过程、忠诚、勇气、坚忍不拔等是我们强大的心理免疫系统所需的品质。乐观的人对事物的看法多倾向于积极美好的一面。他们相信事情会变得更好。拥有高自尊感的人对自己有积极的评价，他们相信自己的能力，相信自己能解决问题。当我们成功地完成一件事情或者解决一个难题时，就比较容易拥有征服感（成就感）。

积极的信仰和良好的人际交往过程能增强心理免疫系统。在他人的帮助下，我们更容易走出困境，告别满是阴霾的情绪；和他人不愉快的交往会导致情绪更加糟糕，更容易否定自己。勇气和坚忍不拔的特性在心理免疫系统中也是必不可少的。要想让自己的心理系统有自愈的能力，关键的一步就是有勇气去行动，并且坚持到问题解决。

每个人面对各种失败，都可能心情沮丧，并夹杂着某种不安、忧虑和气愤的成分。失败本身不可怕，也不一定只有消极影响，关键是从失败过程中获得了什么样的体验，这些情绪体验如果是中等程度的，就比较容易消化而获得积极感受，从而激发更多的积极行动。但它们也有恐吓作用。当学生心情沮丧时，有两种技巧可用：停留在那个情境中采取行动，通过改变情境来终止沮丧的情绪；或者可以放弃，不采取任何行动，离开那个情境，这一方法是以将环境整体移开来终止沮丧情绪。第一种方法是征服，第二种则容易导致习得性无助。

积极心理学家在习得性无助的系列实验中发现，教动物学会征服电击可以避免无助感。就是让动物先接受动物自身可掌控的电击实验：将动物关在笼子里接受电击，它挣扎就可以碰到逃避电击的开关，碰触开关可以打开笼子逃走。通过这样的反复训练，动物拥有了征服被电击的经验，这样无论动物是在早期或成年期得到这种征服经验，它们都不会向无助屈服，即便后来遇到不可逃避的电击，它们也不会轻易放弃。由此推论，征服的经验或者心理上的乐观能使儿童远离心理压力及身心疾病，从而达到使心理免疫的效果。

只有经历征服才能获得成就感，而要获得征服的成功就必须经历失败和挫折，经历心情沮丧以及不断尝试直到成功为止。这种坎坷历程没有任何其他步骤可以替代，也不能缩短，失败与心情沮丧是建构成功与良好心情的必要过程。孩子需要挫折，只有经历过焦躁不安、沮丧和气愤，才能体验到成功的喜悦或自信。

自尊感是指人对自我的一种评价和体验。对自我有积极看法的人，认为自己有能力去做好一件事，认为自己是拥有优秀品质的人，这样的人有高自尊感。相反，认为自己没有能力，拥有消极品质的人则有低自尊感。

征服感（成就感）的经验和孩子的自尊感是息息相关的，这两个方面应该被视为一个不可分割的整体。当孩子遇到挫折感觉无助时，很容易产生放弃的想法，放弃又会造成更多的失败，失败又会进一步损害孩子的自尊。而当孩子获得更多的征服感体验时，他相信自己有能力处理好这些困难。这样的孩子他们的自尊感和自我效能感都比较高。高自尊感也是强大的心理免疫系统必不可少的品质。

乐观是心理免疫系统中最重要的品质之一。乐观不是空话，不是每天大声念十遍或者二十遍"我很棒，我心情很好"。要习得乐观首先要学会乐观的解释风格。乐观的解释风格，是指我们在解释事件发生的原因时，能够客观合理地找出内部和外部原因、永久性和暂时性原因、普遍的和个别的原因。当遇到失败时，如果将大多数原因归为暂时性的、个别的和外部原因时，就是乐观的解释风格。拥有乐观的解释风格的人更容易从失败的不良情绪中摆脱出来，他们更可能采取行动，获得更好的成就。

应对策略

生活中的挫折和失败很常见，不仅在成人世界中是这样，其实中小学生的世界也一样，这就是人生现实。每一次考试的失败，和同学相处的矛盾，还有一些出乎意料的事情会打破生活原有的平静，没有人能完全避免这些外界的干扰。心理免疫系统并不像人类生理免疫系统一样是天生存在的，而是需要我们在后天的环境中去习得、建构和完善起来的。习得、建构和完善心理免疫系统的方法有：

首先，要让孩子拥有乐观的心态。让孩子学习乐观有两种方法，一是父母和老师的言传身教。父母和教师是孩子最好的榜样。孩子的解释风格的习得首先是学习父母和老师对事件原因的解释。如果父母惯性地采用乐观的解释风格去看待生活中的事情，孩子在不知不觉中也就学会了这种解释风格，心态也会乐观起来。二是通过教会孩子反驳那些悲观的想法。当孩子认为事情的失败都是自己的错时，可以询问孩子："有什么证据可以证明这全是你的错呢？"

其次，培养孩子的征服感，避免无助感。多为孩子创造获取征服感的机会，多让孩子参加符合他们自身特点和能力的活动，在活动中体验成功和征服感，是孩子产生自信心的重要源泉。此外，要对孩子的学业成绩提出合理的要求。过高的要求会因难以达到而导致挫败感，过低的要求会让孩子体会不到征服感。

再次，帮助孩子提高自尊心。在孩子取得成功的时候，给予适当的表扬，让孩子看到自己是有价值的，有能力的。当孩子失败时，应当帮助孩子分析失败的原因，帮助他改正做得不足的地方，同时赞扬他的优点。

然而，正如前文所说，强大的心理免疫系统所需的品质是人类内心的一系列积极因素，如乐观、自尊感、征服感（成就感）、信仰、人际交往过程、忠诚、勇气、坚忍不拔等。这篇文章中，我们只谈到了通过获得乐观、高自尊感和征服感来建立心理免疫系统，在这个系统工程中，综合素质的提升、人格的全面发展也是不可忽视的。

10. 人际资源与复原力训练

人在成长发展过程中,最重要的是人际资源,积极心理学研究的成果用两个字来概括则是"他者",人永远不可能脱离他人而活着。有人说现在的学生应对压力的能力越来越弱了,遇到困难容易崩溃。有关研究发现人们在面临生活中重大压力事件,例如天灾人祸、重病死亡时,会出现身心适应不良甚至崩溃的现象,但是不同的人面对同样的灾难或挫折反应差异很大。有些人即使在轻微压力之下也很容易出现情绪困扰和生理疾病,有些人却可以从容应对重大挫折。这些现象说明人的复原力与人际资源有直接关系。

复原力水平高的人能够从灾难或者失败的痛苦情绪中走出来,他们有更积极的情绪状态,并且会更加努力以摆脱困境,他们适应良好,很少出现身心障碍的危机。对于复原力差的学生来说,一次考试的失败对他们而言是重大灾难,会导致情绪痛苦,消极对待生活,甚至不能恢复到正常的生活工作状态。如何使学生更加坚强,在经历了考试失败之后仍然有积极的状态去努力学习?积极心理学提出的复原力概念和复原力训练方法给了我们很好的启示。

案 例

案例一 简月（化名）17岁，读高二。现在的她已经变得乐观开朗了许多。童年和母亲相处的经历让她饱受无助和痛苦的折磨。在她五岁那年父母离异，她随母亲一起生活。母亲文化程度不高，经济条件也不好，是一名普通的工厂工人。母亲天天愁眉苦脸，将生活和工作中的抱怨和怒气都撒向无辜的她。在和母亲相处的过程中，简月不知道自己该怎样做才能让妈妈开心。妈妈心情好的时候，她做什么妈妈都不会生气；但是如果心情不好，不管她做任何事都会招来母亲的痛骂和指责。由于经常被无端的痛骂，简月的心情很沮丧，在生活和学习中也变得消极被动，对学习提不起兴趣，和父母的沟通越来越少，在班级中也很内向和孤僻。后来中考成绩不理想，她没有考上高中，这对她的打击非常大，之后她经常失眠，和同学也无法正常交流。

在复读时简月搬去姑姑家住。姑姑对她细心照顾，给予了她很多支持和关心。姑姑经常和她聊天，表扬她做得对的地方，鼓励她和同学交往。慢慢的，简月开始发生了变化，逐渐变得外向开朗起来，和同学的交流也越来越多。她还发现其实学习没有想象中那么难，对学习的兴趣也慢慢提升。

案例二 刘明（化名）出生在一个农村家庭中。父亲常年在外打工，只有过年才回家。母亲是个勤劳朴实的农村妇女，虽然她的文化程度不高，但是经常关心他在学校的情况，鼓励他称赞他。这让刘明感到学习是一件很快乐也很有意义的事情，同时也认为自己有能力去做好很多事情。因此，刘明在学校乐观积极，小学和初中期间一直担任班干部，和同学相处融洽，成绩也非常优异。

在高二的时候，刘明喜欢上了同年级的一个女孩子。两个人互相都有好感，经常通过书信的来往表达爱慕之情，在一起的日子让刘明觉得非常快乐。进入高三后，学习强度加大，刘明和女友的联系减少了，女友逐渐有了不满的情绪,但刘明并没有觉察到女友的变化。在高考前夕,女友提出分手。这让他痛苦不堪,怎么也想不通到底自己哪里做得不好了。在接下来的高考中,由于情绪不佳,没有发挥出正常的水平,成绩很不理想。失恋和高考落榜的双重打击,让刘明憔悴不堪。但是一个星期之后,刘明开始重新思考规划自己的人生道路,他参加了高考复读班。这一年他心态平稳,第二年顺利考入一所985高校。他和他的家人对此都十分满意。

分 析

在案例一中,简月在和她母亲相处的过程中,经常受到母亲无端的指责和痛骂,她也不知道要怎么做可以避免母亲的责骂。简月从母亲那里得不到任何鼓励和支持,久而久之,她认为自己努力学习或者和同学交往等都是无意义的,开始丧失对学习和生活的兴趣,与人交往也缺乏信心,意志消沉,自我封闭。这时,她已处于习得性无助的状态,对困难或挑战采取消极回避和放弃的态度。在经历中考的挫败之后,她更加沉浸在失败中不能自拔,出现失眠等更加严重的困扰。之后由于姑姑给予她关心、支持和鼓励,她才慢慢从困境中走出来,开始有了新的生活。如果没有姑姑的帮助,简月单靠自己是很难对生活有良好的适应力的。

从这个案例我们可以看到,有习得性无助感的学生对生活和学习的整体状态是消极被动的,对事物缺乏积极的反应。在经历挫折时,他们便会沉浸在失败的痛苦中,无法从困境中走出来。也就是说,有习得性无助感的学生复原力更差。

案例二中的刘明从小学到高中,一直都受到母亲的鼓励和支持,心态是积极乐观的。虽然在高三的时候,失恋和高考落榜的双重打击,让他感到极其痛苦,但是他能在短暂的一个星期内从痛苦中走出来,并为自己今后的生活作一个规划，重新开始拼搏，这是刘明复原力强的表现。刘明的复原力为什么会比简月强？从两者的家庭教育方式来看，刘明的母亲会经常关心刘明的情况，并给与鼓励，培养了刘明乐观向上的品质，以及他对自己的接纳和认同。

复原力差的学生在遇到压力或者挫折时，往往会出现身心状况异常甚至崩溃的现象。复原力好的学生在遇到压力时，不是采取逃避等消极的应对方式，而是采取积极的解决问题的应对方式；复原力好的学生更不容易出现心理问题和生理问题，他们可以更快地从低谷状态恢复到正常状态。复原力就像一个厚厚的弹簧垫，当你从高处重重跌下时，它能保护你不受到伤害，你可以迅速地从弹簧垫上站起来，继续正常的生活。复原力差的人，就缺乏这样的弹簧垫保护，他们在受到挫折时，就好比重重地摔到了坚硬的水泥地板上，身体和心灵都受到伤害。由此可见，培养和提高学生的复原力，可以帮助他们战胜挫折，应对压力，获得高质量的生活。

积极心理学家塞利格曼有一个关于习得性无助的经典实验：经历过无法控制的电击的狗会产生习得性无助的状态。有习得性无助体验的动物会表现出反应性降低等消极被动的行为，对适应新环境产生了阻碍。当动物有了"某些外部事件无法控制"的经验后，就会产生习得性无助的心理状态[①]。在这种习得性无助的心理状态的影响下，它们在面对之后的电击时，不是去主动应对而是被动接受电击。

人类在经历无法控制的外部事件时也会产生习得性无助感。在学校教育中，有很多有习得性无助感的学生，他们往往有这样的认知观念：无论是失败还是成功都不能由自己控制。因此他们遇到挫折就放弃。这些学生有以下表现：学习动机降低，在学习上消极被动，对什么都不感兴趣；认知出现障碍，形成外部事件无法控制的心理定势，在学习时表现出畏难情绪，本应学

---

① 燕良轼，颜志雄，邹霞．儿童习得性无助的成因、机制及其缓解 [J]．学前教育研究，2014（05）：57-60．

会的东西也难以学会；情绪失调，最初烦躁，后来变得冷淡、悲观、颓丧，陷于抑郁状态。

已经有很多学生在教师和家长的教育过程中，形成了习得性无助感。姜永杰的研究也发现，学习困难生在学习时体验到的习得性无助感更加强烈，从而导致他们对学习更加消极被动。[①]

这是一个不良的社会现象。习得性无助的经历带来了一个后果，就是在以后的生活中孩子如果遇到困境，他们更多的是采取消极回避和放弃努力的应对方式，从而导致难以从困境中走出，更难以快速地回到正常的生活状态。也就是说习得性无助的经历导致孩子的复原力变差。

复原力是个体面对内外压力困境时，激发潜在能力或心理特质，运用内外资源积极修补、调适机制以实现目标的过程。复原力是一种个体在每一发展阶段都能以不同的行为表现出促进或修补健康的能力。[②] 这种复原力就像是我们的身体和心灵先天就具备的自愈和自恢复的能力。复原力的缺乏必然会导致学生在面对今后人生的种种挫折和困境中出现无法适应和消极怠惰的状况。因此对已经有习得性无助感的学生而言，对他们进行复原力训练更是十分必要的。

复原力是一种抗拒困境，并从困境中走出，恢复到正常生活的能力。积极心理学的研究发现，复原力是个体所具有的一种能力、潜能或特质，例如乐观主义、有责任感、韧性、挫折容忍力、情绪管理能力等。复原力包括两个部分：内在保护因子——个体本身具有保护因子作用的心理能力和人格特质；外在保护因子——家庭、学校和同伴或社区的环境中所拥有的能够促进个体复原的因素。内在保护因子是经年积累的各种能力、才能、资源、知识、长处和适应技能的组合。复原力的外在保护因子是指个体以外的环境具有促进个体成功调适，并改善会导致不良适应结果之因素的反应，也就是个

[①] 姜永杰，郑航.学习困难学生习得性无助及其干预［J］.青岛大学师范学院学报，2006（02）：118-120.

[②] 郭雪萍，冯超，张红雷.大学生复原力的影响因素研究［J］.石家庄学院学报，2010（03）.

体从外界获得的社会支持与帮助。复原力的内在保护因子和外在保护因子协同作用，调节并减缓危机因子对个体的影响，使个体产生问题行为状况的概率降低或增加成功适应性。个人的内在保护因子必须与外在保护因子产生交互作用才能发挥复原作用。①

也有研究认为，复原力包括以下几个主要构成因素：(1) 自我效能，指个体对自我能力的肯定；(2) 自我接纳，指个体对自我价值的肯定和对现实自我的接纳程度；(3) 稳定性，指个体情绪稳定成熟的人格特质（包括情绪的变化速度和情绪易染性）；(4) 问题解决，指个体面临压力情景时，通过自身的计划、执行和时间管理等策略来解决问题的行为倾向；(5) 朋友的支持，指来自朋友的各种支持，包括客观物质和情感上的认知、策略上的支持；(6) 家人的支持，指来自家庭的各种包括物质的和情感的支持等。这些因素既有内在保护因子，也有外在保护因子。其中内在保护因子有自我接纳、自我效能、稳定性和问题解决；外在保护因子有朋友支持和家人支持。②

以上关于复原力的概念解释和理论为我们对学生进行复原力训练提供了指导。在海湾战争期间，美国军校便开始对士兵实行大规模的复原力训练。因为士兵经常要面对战争和死亡等，尤其是目睹身边亲密的战友死亡，给他们带来的创伤是巨大的。这导致了他们在接下来的战争中出现种种恐惧和消极的心理状态。复原力训练帮助了很多老兵积极正确地面对之后的战争和生活，对他们有重要的影响和作用。同样，帮助学生提高复原力也具有重要的意义。学生在学习和生活中难免会遇到各种挫折，若学生具有良好的复原力，他们能够快速回到正常学习生活上来，不会因为心理上的苦恼和无助等导致学习效率低下，跟不上其他同学学习的步伐。提高学生的复原力也可以提高学生心理健康水平，这是学校心理咨询中心一项重要的工作。

---

① 阳毅，欧阳娜. 国外关于复原力的研究综述［J］. 中国临床心理学杂志，2006（05）：539-541.
② 张同全，杜恒波. 大学生复原力调查［J］. 山东工商学院学报，2009（02）：110-112.

应对策略

从复原力的内在保护因子来看，培养学生积极乐观的品质、提高学生的自我接纳和自我认同感、提高学生的情绪管理能力对提高学生的复原力是十分重要的。

第一，教师在教育教学中为学生提供成功或快乐的积极经验可以帮助培养学生积极乐观的品质以及提高对自我的接纳；教师经常表扬、鼓励和肯定学生可以让他们获得更高的自我效能感，让他们感受到自己有能力去学好功课，有能力去做好其他事情；同时，教师的鼓励和肯定会激发学生的潜力，提升他们的自信心，使他们更好地完成学习任务。

第二，培养学生积极乐观的生活态度，使他们习惯用乐观的心态面对困难和挑战，将挑战看作是生活的一部分，避免执著于那些危机事件的消极情绪体验。

第三，培养学生的自我认同感。这不仅需要教师对学生的赞扬，还需要让学生看到自己的进步，看到自己的优势和长处。学校和教师可以为学生提供参与有意义活动的机会，增强学生的自我价值感。学生在完成一件有意义的事情后，会体会到自己是有能力的、有价值的。

第四，培养学生的情绪管理技能。教师可以帮助学生疏导情绪，让学生懂得如何消除和减少消极情绪的不良影响。学生处在青春期，情绪易波动，当学生遭遇挫折，情绪会压制他的正能量，理性思维能力下降，影响他作出正确的决定。

从复原力的外在保护因子方面看，则是家庭、学校和社区为学生提供的支持和帮助。教师与学生形成良好的师生关系，当学生遇到凭借自身力量无法解决的问题时，学生愿意去寻求教师的帮助，愿意和教师讲出自己内心的烦恼。有了教师的帮助和支持，学生更容易从困境中走出来。

教师还可以通过组织各种班级活动，帮助学生与其他同学形成良好的关系。良好的同伴关系能让学生体会到亲密的友谊，满足其归属、尊重和爱的需要，以及自我价值感。

为了更大程度地帮助学生建立外在保护因子，教师还需协助增加学生与家人及其相关社会同伴之间的连结，为学生能够拥有足够多的关注与支持提供保障。

培养学生积极乐观的品质，提高学生人际交往和情绪调节的技能，引导学生选择积极的应对方式，建构迎接挑战的能力和主动寻求问题解决资源的能力，对于提高学生复原力具有重要意义。

附录一

育人捷径：以性格优势发展为核心的教育

自古以来培养人才的理论和方法有很多，追根溯源，探索古今，积极心理学经过研究总结，寻找出一条以性格优势发展为核心的教育育人捷径。这对于今天的教育工作者具有重要的启迪意义。

在今天以分数为王道、应试为指挥棒的教育背景下，要改变现状非常困难，只有综合治理才能落实素质教育，这不仅要改变理念、高考制度，更需要有科学有效的方法和工具。在过去几十年的探索中，我们开始运用心理科学方法，帮助学生健康成长。但是心理健康方面的工具是以生物医学模式为主导，聚焦于学生心理问题的发现和治疗，这样的模式反而使得心理健康的建设越来越难以让人们接受，因为谁接受了心理咨询就会被认为心理不健康，即使发现了许多心理不健康的问题，也无法马上解决，导致非但没有提高师生的心理健康水平，达到促进成长发展的目的，反而使很多人感到受挫。

积极心理学中关于优势性格特征的研究，让我们获得一个全新的视野，同时为我们提供了很好的工具，解决了发展与治疗的问题。它聚焦于人们的积极面，充分发现人才的优势，并努力发展这些优势特征。人才观的改变，使更多人成为可造之才，让教育工作前景充满了乐观和欣喜，这值得我们学习和研究，并运用于教育实践，这也将会改变我们的培养人才的方式。

积极的个人特质对一个人的成长发展来说，是基础、关键，也是优势，在此基础上发展自己的才能，是走向成功的重要途径。自古以来的成功人士都有他们自己的优势特征，这些优势是他们成就自己的基础，而其他人即使努力向成功人士学习也必须在自己的优势特征上发展，这样才更容易成功。由此可以得到一个全新的人才观，培养人才的捷径——人是不可能也没有必要全面发展的，只要把自己的优势特征发展到最佳，就能成才，就可以获得成功。

那么，每个人的性格优势特征是什么呢？2000年，美国梅尔森基金会倡导组建了行动价值VIA（Value in Action）协会，旨在为积极的青年发展提供概念化和经验性的有效途径。这项举措的焦点问题在于发现有助于青少年积极发展的一系列良好的性格特质，并使用科学实证的方法进行测量与分析。两位积极心理学的创始者马丁·塞利格曼和克里斯托弗·彼得森组织了一个由社会学家组成的小组，共同商讨制定出了VIA行动价值的性格优势分类手册。这是自1952年美国精神病协会（American Psychiatric Association）制定发布"精神疾病的诊断和统计手册"（Diagnostic and Statistical Manual of Mental Disorders, DSM）以来首个关注人类积极健康的心理品质的分类标准，为积极心理学家的实证研究提供了测量的手段。

一、关于性格优势的定义与测量

在我们详细探讨性格优势之前，有必要对"性格"这个词在心理学的范畴内进行一些诠释，澄清积极心理学中关于性格优势的内涵。首先是对性格的定义。明末清初著名的文学家、文学批评家金圣叹在《读第五才子书法》中说："别一部书，看过一遍即休。独有《水浒传》，只是看不厌。无非为他把一百八个人性格，都写出来。"又说："《水浒》所叙，叙一百八人，人有其性情，人有其气质，人有其形状，人有其声口。"《水浒》中，独断支配如晁盖，个性张扬如李逵，沉稳平和如宋江，冷静自制如林冲，各个好汉似乎都有着令人记忆深刻的性格特征。在金圣叹看来，他认为"性格"包含了一个人的"性情""气质""形状"和"声口"等方面的内容。我们也在古籍中查阅到"性格"一词较早见于唐代李中诗《献张拾遗》："官资清贵近丹墀，性格孤高世所稀。"此诗中的性格是指人的个性特征，脾气。

那么，性格到底是什么呢？从较为学术的层面来看，性格可以被理解为是一个人的性情特征，它是一个人自身态度和行为所表现出来的心理特征，较稳定。古话说"江山易改，本性难移"，这多少也说明了性格的相对稳定性。但性格与脾气秉性有所不同。我们通常把脾气秉性解释为是一个人与生俱来的东西，更多带有生物学的特征，心理学上把它称为"气质"。比如，儿童心理学就根据婴儿的气质特征把儿童分为"易养型"、"难养型"和"中间型"三类。而性格来源于生物属性的气质，却更带有社会的属性。性格是个人后天在家庭环境、学校环境和社会环境中所养成的一个人心理特征的集合体。

在心理学上，对性格的科学研究始于20世纪初。对性格进行评价与测量通常有两种理论框架，一种是以卡尔·古斯塔夫·荣格（Carl Gustav Jung）为代表的性格类型理论，另一种是以高尔顿·威拉德·奥尔波特（Gordon Willard Allport）为代表的人格特质理论。

20世纪初，瑞士心理学家卡尔·荣格尝试对人的性格进行分类。荣格对性格分类的最大贡献就是提出了可以把人区分为"内向"和"外向"两种类型，而且他解释内向和外向侧重于对心理能量的指向的分析，而不是像大部分人理解的那样，内向和外向的评估标准是爱不爱说话，能不能来事。

到了20世纪40年代，美国一对母女伊莎贝尔·迈尔斯（Isabel Myers）和凯瑟琳·布里格斯（Katharine Briggs）在荣格的心理学类型理论的基础上提出了一个新的性格分类模型。母女俩把这套理论模型以她们的名字命名，叫作Myers-Briggs类型指标MBTI。MBTI的理论延伸了卡尔·荣格的类型分类理论，在卡尔·荣格的内向和外向、思考和情感、感觉和直觉三个维度的基础上，增加了第四个维度：判断（P）和认知（J），用这四个维度来衡量一个人做事和生活的方式。同时，这对母女对其他三个维度也进行了重新定义，她们把外向（E）和内向（I）定义为人们与世界相互作用的方式以及能量的来源；把感觉（S）和直觉（N）定义为人们获取处理信息的方式；把思考（T）和情感（F）定义为人们决策的方式。如果我们把这四个维度八个方向进行组合，就会产生 $2\times2\times2\times2=16$ 种性格类型。比如，一个内向感觉思考认知性格的人，就可以用 ISTJ 来指代；而一个外向直觉情感判断的人就可以用 ENFP 来指代。自此以后，心理学上产生了一个每年销售额高达两百万份的性格类型测评工具——Myers-Briggs 类型指标 MBTI。

性格类型理论把人按照性格倾向进行了分类，并强调每种性格类型都有其优势也有其发展的盲区。性格类型的测量与分析被广泛用于职业生涯规划和企业人力资源发展等领域，针对的人群通常也是心理健康的人群。

高尔顿·威拉德·奥尔波特（Gordon Willard Allport），是美国著名心理学家，现代个性心理学创始人之一，也是特质理论的始创者。他在1929年第九届国际心理学大会上发表了题为《什么是个性特质》的论文，提出将特质作为个性的基本单位。奥尔波特认为特质是人格的基础，是心理组织的基本建构单位，是每个人以其生理为基础而形成的一些稳定的性格特征。奥尔波特将人格特质区分为共同特质（common traits）和个人特质（personal traits）。共同特质是人所共有的一些特质，所有人都具有这些人格特质，人与人之间都可以在这些特质上分别加以比较，如外向性，任何人都具备这一特质，个体之间的差异只在于不同的人具备此种特质的多寡或强弱不同而已。个人特质是个人所特有的，代表着个人的独特的行为倾向。

基于特质理论开发的性格测评工具中当以卡特尔16种人格因素问卷最为著名。雷蒙德·卡特尔（Raymond Bernard Cattell）也是人格特质理论的主要代表人物，对人格理论的发展作出了很大的贡献。卡特尔在其人格的解释性理论构想的基础上编制了16种人格因素问卷，从16个方面描述个体的人格特征。这16个因素或分量表的名称和符号分别是：乐群性（A）、聪慧性（B）、稳定性（C）、恃强性（E）、兴奋性（F）、有恒性（G）、敢为性（H）、敏感性（I）、怀疑性（L）、幻想性（M）、世故性（N）、忧虑性（O）、实验性（Q1）、独立性（Q2）、自律性（Q3）、紧张性（Q4）。16PF 的人格特质测评的结果可以提供测评者在各个特质指标上的强弱等级，过高或者过低的特质得分都有可能意味着某些性格方面的缺陷。比如，过低的乐观得分意味着测评者可能是缄默、孤独、内向的；而过高的怀疑性得分则意味着测评者可能怀疑、刚愎、固执己见。由此可见，卡特尔的人格特质问卷具有查明病人的心理冲突的功能，而卡特尔也建议临床医生使用 16PF 作为诊断工具。

积极心理学中所探讨的性格优势属于特质论的理论范畴，马丁·塞利格曼和克里斯托弗·彼得森认为性格优势是一组反映人类良好性格的心理特质，因此，性格优势没有好坏之分，只有强弱之分。积极心理学中的性格优势理论和卡特尔的人格特质理论的重要区别在于，性格优势是积极的、正面的、健康的特质，通过性格优势评估工具测量所获得的性格优势得分，无论是高分还是低分，都仅仅代表着这些特质的强与弱，而并不代表好与坏。积极心理学家研究性格优势，其目的是帮助心理健康的人群去识别自身性格特质中的闪光点，并教导他们在成长发展的过程中持续性、创造性地使用那些突出的性格优势（标志性的性格优势），以创造美好幸福的生活。

二、性格优势的区分标准

张宁和张雨青（2010）提炼了性格优势的内涵，他们认为性格优势是通过个体的认知、情感和行为而反映出来的一组积极人格特质，是积极心理学的核心研究领域。马丁·塞利格曼和克里斯托弗·彼得森在梅尔森基金会的支持下于 2000 年开始进行性格优势的分类工作。他们查阅了有关的文献资料，从精神病学、青少年发展、性格教育、哲学、宗教、组织学和心理学的相关研究中来识别备选的性格优势条目。通过他们的研究与观察发现，在各种文化传统（包括东方的儒家思想、道教思想，东南亚的佛教和印度教文化，西方的雅典哲学、犹太教、基督教、伊斯兰教）中都普遍存在一些被广为接受和推崇的核心美德，比如智慧、勇气、人性、正义、节制和精神升华这六大美德。而后，他们根据十项标准筛选出了24种性格优势，并把24种性格优势分别归属到六大美德中。自此，积极心理学正式具备了一个区分和命名积极的个人特质的分类体系。

在我们深入讨论这24种性格优势之前，有必要对如何提名和筛选性格优势的条目进行简单的说明，以澄清为什么像友好、宽容、耐心这些良好的特质没有被纳入到性格优势的条目中去。

首先，能被称之为性格优势的特质必须是跨文化的，被普世承认的。如果有某种特质被某一文化所认同并推崇，却在另一文化中被拒绝或忽视，那么这一特质就不能被纳入性格优势的条目中。

比如，讨论中国人的性格，就不能不谈"孝顺"这个通常被认为是优秀的个人品德。孟子说过"不孝有三，无后为大"。汉代赵岐写了《十三经注》，阐述了他个人对于孟子这段话的理解："于礼有不孝者三事，谓阿意曲从，陷亲不义，一不孝也；家穷亲老，不为禄仕，二不孝也；不娶无子，绝先祖祀，三不孝也。三者之中，无后为大。"翻译成现代文就是：一味顺从，见父母有过错而不劝说，使他们陷入不义之中，这是第一种不孝；家境贫穷，父母年老，自己却不去当官吃俸禄来供养父母，这是第二种不孝；不娶妻生子，断绝后代，这是第三种不孝，即最大的不孝。这种对于孝顺的诠释，尤其是第三种"无后为大"的诠释，在西方人看来简直是不可思议。西方基督教国家的家庭关系纽带松弛，子女长大后想去哪儿就去哪儿，愿做什么就做什么，子女对于父母的责任感比起中国人来说也要弱很多。在中国，把父母送进养老院可能会被看作天大的不孝，而在西方这却是一件稀松平常的事。因此，很多类似"孝顺"这种只在特定文化传统中被定义为美好品质的特质就没有被纳入性格优势的条目中。

第二，性格优势有利于自我实现。个人在生活或者工作中发挥各自的标志性性格优势时，能够体验到成就感、满足感和幸福感。性格优势不仅帮助个人克服逆境和修正心理功能的紊乱，还促进个人朝自我实现的方向发展（郭雯，2013）。积极心理学家认为，个人运用性格优势并不仅仅是因为社会的赞许或者他人的期待，而更多是出自个人内心的需要并能够带来积极的体验。每个人都能说出自己身上的几种典型性格优势（标志性性格优势），并且常常在实践这些优势时感觉良好。具有"勇敢"这一标志性优势的人勇于直面各种不公正，并从行为上予以反抗。无论是否有他人的期待还是社会的称许，勇敢的人都会身体力行。事实上，感受到满足与成就本身就是这一行为的内在成分。但是比如"礼貌"和"纪律"这些通常被认为是优良品质的特质却因为带有深刻的社会称许和他人期待，往往不会给实践者带来践行的愉悦和成就感，因此没有被纳入到性格优势的条目中。

第三，性格优势必须有明显的"负性"反义词。直观地解释，就是说对某种特质，考虑其反义词时，人们通常想到贬义词，那么这就是符合要求的性格优势。比如"勇敢"，我们很容易就能想到它的反义词是"懦弱"，这是一个贬义词；又比如"仁慈"，它也有着明显的反义词"恶毒"；再比如公平，它的一个明显的反义词是"徇私"。对一些良好的特质，如果我们不能下意识地想出它的反义词，那么它可能就不符合性格优势的要求。比如"礼貌"，它的反义词"唐突"或者"鲁莽"也算不得是贬义。又比如"通情达理"，它的反义词"不近人情"，最多也就是一个中性的评价。但是，在24个性格优势中有一个例外就是"幽默"，它并没有明显贬义的反义词，只有从很幽默到不幽默的程度上的变化。

第四，每种性格优势各不相同，其内涵不可拆分。麦肯锡咨询公司的第一个女咨询顾问巴巴拉·明托（Barbara Minto）在金字塔原理（The Minto Pyramid Principle）中提出一个重要的原则，即"相互独立，完全穷尽"（Mutually Exclusive Collectively Exhaustive, MECE）。也就是对于一个重大的议题，能够做到不重叠、不遗漏的分类，而且能够借此有效把握问题的核心和解决问题的方法。MECE（相互独立、完全穷尽）是麦肯锡思维过程的一条基本准则。"相互独立"意味着问题的细分是在同一维度上并有明确区分、不可重叠，"完全穷尽"则意味着全面、周密。

马丁·塞利格曼和克里斯托弗·彼得森的工作首先是穷尽所有有关性

格优势的词汇,力争不遗漏任何有价值的东西;在此基础上进行因子分析并删除那些意义重复和重叠的优势。每种性格优势在其内涵上都与别的优势不同,并且不能被拆分为其他几种优势,否则就不能被纳入性格优势的分类手册中。郭雯(2013)提到,比如"宽容"这个优秀的性格特质,虽然它满足判断优势的大多数标准,但是它其实是"开放性思维"和"公平"这两个优势组合的概念产物,因此按照 MECE 的原则并不能被纳入性格优势的分类手册中。再比如"同理心"(共情)这一形容人际交往的性格特质,它其实是"情商"、"爱"和"仁慈"这三个优势混合的产物,因此也不能被纳入性格优势的范畴。

第五,判断某一特质是否属于性格优势的范畴必须存在这一特质的典型或模范,具有这些典范的实例和故事能够帮助我们更好地理解该优势。每种文化都会通过寓言、传说、诗词、歌曲等来传播和传承该文化所重视的美德和优势。如果某一人格特质承载了生动的事例和典范故事,它就达到了入选的标准。中国古代的人文典籍更多地称颂正直(包青天)、谦虚(孔融让梨)、毅力(滴水穿石)等品质;西方的人文典籍则更多提到了幽默(伊索寓言)、信仰(《出埃及记》)、美感(希腊神话的艺术作品)等品质。当今中国的青少年有更多的机会接触不同的文化,而幽默、开放性思维、信仰、美感、爱(包括爱他人和体验到被爱)、创造力这些优势的典范故事也在不断地呈现。幽默已经被公认是促进良好个性发展和人际沟通的必备特质;开放性思维和创造力则屡屡在互联网创业的杰出案例中被提及;信仰在过去被作为一个敏感的字眼很少在官方场面上被提及,但是现在官方也强调人民有信仰,民族有希望,国家有力量。谈到爱,中国的传统文化更多强调的是付出爱、给予爱,但是性格优势中的爱则增加了体验爱这一内涵。和谐社会的典范事迹所传递的,不仅仅是单方向的付出,更是一种内心体验到的被关怀被爱的满足。

第六,**性格优势必须是可被测量的**。如果性格优势是不能被测量的,那么针对性格优势开展实证性的研究就无从谈起。积极心理学家从提出性格优势这一概念起就致力于性格优势的评价方法，围绕性格优势展开的各种测量基本上都会涉及两个主要问题：（1）是采用自评式的问卷还是他评式问卷？（2）是和一般人群进行对比还是在自己的性格特质群中做自我比较？

针对前一个问题，一些社会心理学家提出了对自评式问卷的质疑，认为社会期望会影响测评的效度，测评者可能会因为想尽量满足社会或者父母对其的期望而扭曲测评的结果。但是积极心理学家则认为既然精神病学家和心理咨询师可以使用自陈式的量表来衡量心理疾病的严重程度（比如90项自我症状检查量表SCL—90和明尼苏达多项人格测验MMPI），为什么积极心理学家不能使用相同的方法来研究幸福、健康和优势呢？或许普通大众甚至是心理学的研究者和从业者在潜意识里就只是相信那些自述的坏的方面，不愿去相信被试者自述的好的方面，而这一点正是积极心理学要去着力改变的偏见。

针对后一个问题，积极心理学家认为性格优势的测量目的并不是为了突出某个人在某方面的极度优秀而把他/她从一般人群中区分出来，而是为了更好地发挥自己的潜能从而获得个人的幸福感和满意感。这和传统的心理疾病（比如焦虑和抑郁）的测量有着很大的差异，因为传统的心理测量的目的往往是为了发现被试者区别于一般人群的异常从而进行矫治。性格优势的测量是自我对比的测量，这和著名的霍兰德职业兴趣测评采用的测量方法是完全一致的。因此，在完成性格优势的测评后，被试者获得的是一个24种特质的排序列表，排在最前面的性格优势是相对于被试者个人来说的，而不是相对于其他人。

第七，发挥性格优势并不是排他的，一个人发挥出优势，并不影响周围其他人发挥同样的优势。 按照这个删选标准，"竞争性"这个特质就没有被纳入到性格优势的条目中，因为"竞争"这个特质多多少少带有了"我赢你输"的意味，因此，在性格优势的分类中，采用了"团队精神"这个条目来表达双赢或多赢的概念。我们在第六个删选标准中已经说明了性格优势的测评是基于自我进行内部比较的，而没有也不会尝试去和其他人或者一般人群进行比较。每个人都有权利发挥自己的优势，不同的人发挥相同的性格优势也会有不同的展现方式。比如，艺术家展现"创造力"的优势会体现在其艺术作品中，而一位创业者的"创造力"则可能体现在其独特的商业构想模式中；军人的"勇敢"会体现在战场上的勇往直前，而一名记者的"勇敢"则可能体现在他/她的直言与不畏强权。积极心理学家更倾向于认为人们会因为对道德行为的所见所闻而提升自我，性格优势的发挥并不是"我赢你输"，每个人都可以发挥自己独特的标志性的性格优势组合，也可以创意性地发挥相同的性格优势，所有人都可以是人生的幸福赢家。

第八，**某些人可能完全缺少某种性格优势**。威廉·杰斐逊·克林顿是美国历史上杰出的总统之一，他的杰出领导力使得美国在20世纪90年代保持了数年的经济繁荣与社会安定，但是他的自我控制力却往往被他的对手所一再诟病。很多人对陈光标都会嗤之以鼻，认为他的种种善举不过是自我炒作和伪善罢了。但是从积极心理学的视角看，我们更倾向于认为他们可能的确存在性格方面的某些缺陷，但这并不违背正义，也并不妨碍他们展现其他方面的优势。研究性格优势，我们关注的重点是标志性的性格优势，也就是那些通过测量排在我们性格优势排序列表前三位或者前五位的性格优势。积极心理学的理论要求我们将有限的时间和精力更多放在发挥这些标志性的优势上。正是因为每个人拥有不同的优势组合，世界才会变得这么丰富多彩。

第九，**性格优势是可以被培养的**。中国有句俗语是"江山易改，本性难移"；但是又有句俗语是"近朱者赤，近墨者黑"。有关性格是否是天生，能否被改变的话题在心理学界已经争论了几十年，至今依然泾渭分明，互不相让。在积极心理学的领域，我们坚定地认为性格优势是可以被培养的。美国心理学家爱利克·埃里克森（Erik H.Erikson）可以算是性格养成理论的先驱，在他著名的心理发展八阶段的理论中，提出了在不同的阶段可能获得不同的性格特质的理论构想。比如，婴儿阶段安全感的获得有助于乐观的养成；孩童阶段自主意识的养成有助于毅力特质的获得；青少年时期对于同一性的思考有助于发展爱人和体验被爱的特质；而成年阶段承担抚育下一代的责任感则更多发展了仁慈的积极品质。如果基于人性本善的观点，性格的缺陷则可能是后天教育与环境的影响，如果我们致力于构建积极正面的环境，应该也可以唤醒沉睡的性格优势。如果基于人性本恶的观点，既然我们生活的社会中仍然是品德良好的人占据了大多数，则更加说明通过后天的教育与培养是可以发展个人的美德和性格优势的。

马丁·塞利格曼和克里斯托弗·彼得森（2004）还将性格优势区分为"基调优势"和"阶段优势"，"基调优势"是指那些稳定的持续呈现的优势性格，比如好奇心、谦逊、活力等；"阶段优势"也可以被理解为"情景式优势"，也就是指这些优势会根据情景的要求而或多或少地表现出来。比如，毅力优势的体现取决于任务的难易，勇敢优势的展现程度取决于环境的险恶，开放性思维优势的体现则更多取决于事情的复杂程度。因此，对于那些阶段优势，可以通过合理的奖惩性措施去训练、强化和内化。

最后，性格优势存在天赋的例子，能够在某些儿童或少年身上得以成熟的体现。发展心理学家霍华德·加德纳（Howard Gardner）在1983年提出了多元智能的理论，他在《心智的架构》（Gardner, 1983）这本书里提出，人类的智能至少可以分成七个范畴（后来增加至八个）：语言，数理逻辑，空间，身体／运动，音乐，人际，内省，自然探索。多元智能理论主要用于两方面，一是可以利用多元智能理论来发掘资优学生，进而为他们提供合适的发展机会，使他们茁壮成长；二是可以利用多元智能理论来扶助有问题的学生，并采取对他们更合适的方法教学。多元智能理论赞同能力有天赋之说，并提倡在儿童时期对天赋智能进行早期开发。

相应的，积极心理学家认为性格优势也存在天赋的可能，虽然积极心理学家还没有通过实证的方式获得这方面的科学依据，但是当我们研读一些名人传记或轶事的时候，多少会发现天赋优势在儿童或少年身上的体现。中国古代故事提到了孔融让梨（谦虚），曹冲称象（创造性思维），西汉匡衡幼时凿壁偷光（好学），和司马光砸缸救人（勇敢）的性格优势故事。现在有汶川地震"可乐男孩"（乐观），诺贝尔和平奖得主乌拉拉（勇敢）。我们常常会听到有人感叹某个孩子的才能天赋被埋没了，却没有听过有人枉费了自己的勇敢或善良。相比起才能天赋，性格优势的天赋可能更加持久，更加稳定。

基于以上的筛选标准，克里斯托弗·彼得森和马丁·塞利格曼（2004）定义了六大美德 24 种性格优势：

美　德	性格优势
智慧和知识 获得和使用知识的性格优势群	创造力（具有新的想法和观点）
	好奇（对新事物充满兴趣，具有探索精神）
	开放性思维（公平地看待各种证据）
	好学（自发地学习，不断提升自我的知识）
	洞察力（战略性的眼光，深邃的远见）
勇气 面对外部或内部挑战能够克服困难的性格优势群	勇敢（面对威胁和困难的时候不退缩）
	毅力（有始有终，持之以恒）
	正直（真实地展现自我）
	活力（充满热情地对待事物）
人性 人际关系的性格优势群	爱（给予爱，体验爱）
	仁慈（帮助和关怀他人）
	情商（察言观色，通情达理）
正义 个体和集体或社会之间互动的性格优势群	团队精神（合作以求共赢）
	公平（平等地对待每一个人）
	领导力（组织事物、管理团队、激励成员）
节制 防止过度的性格优势群	宽恕（原谅他人）
	谦虚（不过度抬高自己）
	谨慎（小心地作出各种选择）
	自我控制（延迟满足，管理自己的情感和行为）

续表

美　德	性格优势
精神升华 赋予意义，与世界产生联接的性格优势群	美感（善于发现美，懂得感受美）
	感恩（对生活中的美好事物表示感激）
	乐观（总是看到事物积极光明的一面）
	幽默（有趣、诙谐、给他人带来愉悦）
	信仰（对目标和意义的信念）

三、应用方法和启示

第一，以每个学生的性格优势特征作为教育辅导的基础，更容易培养出健康而优秀的学生。以性格优势为蓝本的校园辅导和培训，已经被证明可以提高各个年龄阶段学生的主观幸福体验，减少学生心理健康问题发生的几率。在高校和中小学的研究中发现，优势性格特质与主观幸福感、心理健康水平呈显著正相关。研究者在中国某大学校园范围内招募了285名大学生参与一个为期18周的选修课，该课程以写作选修课为载体进行干预实验。结果发现，所有的参与者在经过了六周的干预后，其生活满意度都会上升到一个顶峰，而后随着时间慢慢下降。在短期（六周）内，那些知道实验目的的学生同那些参与性格优势训练组的学生获得了最高幅度的生活满意度提升。而从长期看来，只有那些真正参与性格优势训练组的学生获得了一个持久有效的生活满意度提升。该实验证明以性格优势为基础的干预实验在中国大学生群体身上是有效的，干预实验中的安慰剂效应会随着时间逐渐减弱并消失。

第二，家庭教育中父母针对孩子的优势性格特质给予及时鼓励和肯定，让他们的优势特征得到发挥，更容易培养自信而有创造活力的孩子。针对小学生的研究发现，父母描述中的很多带有性格优势的词语（平均出现次数为3.09），爱、活力和乐观这些性格优势与儿童的快乐感呈正向联系；感恩作为一个认知要求比较高的性格特质，只在年龄较大的孩子身上发现与快乐感呈正向的联系。通过这些性格优势和生活满意度的相关性研究发现，那些"内心"体验层面的性格优势（比如爱、活力、乐观和感恩）在预测幸福感的过程中占据着更主要的地位，这可能是因为情感层面的性格优势较之认知层面的性格优势，更能催生个体的应激适应能力与自我保护机制。而诸如好学、创造力、好奇、洞察力这些主要涉及认知层面的性格优势，因为受到认知能力发展的局限和社会期许性的影响，在预测主观幸福感方面并没有显著的作用。

这些研究成果也在提醒中小学的教师，仅仅开发学生的智力和认知水平，激发学习兴趣和开拓思维，对于提升学生快乐与主观幸福感体验，并没有显著的影响。

第三，以性格优势特征为基础，培训教师引导学生向职业匹配的方向发展，更容易获得成功体验而不断走向新的成功。性格与职业相匹配，简而言之就是根据人的性格类型合理选择职业，根据职业的需要安排适当的人来从事（胡高喜，2011）。每个人都有自己独特的性格特质组合，这些特质组合与职业相符不仅决定其工作的态度，而且影响工作的绩效和工作的满意度。不同的职业对从业者的性格要求也不同，特定工作需要特定性格的人，比如销售类型的职业更适合外向、积极、主动的人来承担，这种性格特质组合的人在销售的岗位上也能够发挥其优势并且体验到工作带来的成就与满意感。而研究开发类型的工作则更适合内向、稳健、精准，并富有创造性的人来承担。什么样的人更容易成为优秀的教师呢？运用性格优势测评工具可以帮助教师获得答案。

性格优势测评属于特质类型的测评，为了能够更好地理解性格优势和职业选择方面的联系，Proyer, Sidler, Weber 和 Ruch 针对 197 名年龄在 13～18 岁之间的青少年，进行了一项有关性格优势和职业兴趣之间关联性的实证研究。研究者先根据文献的查阅结果将 24 种性格优势分成了五大类别，这五大类别分别是智力优势（好奇、好学、美感和创造力），领导优势（领导力、幽默、洞察力、情商、勇敢），人际优势（谦虚、宽恕、仁慈、公平、团队精神），节制优势（谨慎、自我控制、毅力、开放性思维、诚实），以及升华优势（信仰、活力、感恩，爱，乐观）。而后，研究者将这些性格优势与霍兰德职业兴趣模型中的六大兴趣类型（现实型，探索型，艺术型，社会型，企业型，常规型）进行了关联性分析。结果发现，智力优势和霍兰德职业兴趣模型中的探索型和艺术型兴趣有着主要的正向关联，升华优势和人际优势与霍兰德职业兴趣模型中的社会型兴趣存在正向关联，领导力优势和企业型兴趣存在正向关联。该结果说明个人的性格可以通过其兴趣的外在表现形式来影响对职业的选择，这也印证了约翰·霍兰德（1997）的理论假设，即选择职业不过就是通过兴趣的形式发挥性格的一种表现，兴趣的评估量表也就是性格的评估量表。

在中小学进行职业生涯规划的素质教育课程中，可以将性格优势的分析与职业匹配进行专题课程的讲座，知识与技能固然是职业成功的重要基础，但是性格优势和职业环境的匹配却可以在很大程度上使我们工作得更愉快，体验到更多职业带给我们的乐趣和成就感。

第四，性格优势特征对问题行为矫正有很大影响，方便咨询师与来访者讨论自身拥有的资源，从而更容易开发潜力，解决问题。 很多研究都表明某些性格优势和青少年的不良行为、情绪问题成显著的负相关，而与学业成功和亲社会行为等积极的发展结果呈显著的正相关。比如，智慧和知识领域的性格优势有助于学业的成功，当学生的身心能量被投入到探索未知的领域中时，他们被外界诱惑的可能性和几率也就随之降低；勇气和人性领域的性格优势则促进了亲社会的行为模式；节制领域的性格优势是预防性早熟和物质滥用的天然免疫屏障。

2008年，美国的一批心理学家（Ma et al., 2008）进行了一项针对美国非洲裔中小学生的研究，研究的目的是尝试去发现学生性格优势、过早性行为、物质滥用之间的关系。在这项研究中，心理学家采用了383名美国非洲裔中小学生的样本，并通过测评量表获得了这些学生的性格优势以及基于自我陈述的性行为和物质滥用方面的信息。研究结果发现，较高好学特质的男孩子有着较低的自述性行为；较高好学特质的男孩女孩都陈述了较低的物质滥用行为；较高的好学和好奇特质对男孩来说，和拒绝婚前性行为有着直接的正向联系；较高的谨慎特质关联了较高的拒绝性行为的可能性。结果显示，这些智慧知识、节制领域的性格优势的确和青少年过早的性行为、物质滥用有着显著的负相关。分析和研究青少年的性格优势组合，在一定程度上可以进行问题行为的预测，继而开展预防与干预的措施。

但是，积极心理学更加关注性格优势之于正向行为的影响。积极正向的行为在中小学意味着（1）学业上的成功，（2）领导才干，（3）帮助他人，（4）保持健康的身体，（5）延迟满足与欲望，（6）尊重差异，（7）克服困境（Scale et al., 2000）。Scales 等人采样研究了美国六个种族共计 6000 名 6～12 年级的中小学生。他们把性别、年级以及性格优势的发展程度作为三个变量来研究这些变量对于以上七个方面的影响。研究发现性格优势对于以上七个方面的积极影响远高于其他变量，这项研究直接证明了发展基于性格优势的素质教育对于中小学人才培养是一个有成效的途径。

优势性格测评在中学教育的应用中具有重要的意义，可以帮助学生发现自己的优势性格特征，帮助教师和家长了解学生的优势特点，也可以帮助学生把自己的优势性格特征作为显著的标志，发展出鲜明的个性。

首先，教师和学生可以通过积极心理学的测评来识别属于各自的标志性性格优势。其次，从现在开始，尝试每天用一种新的方式去实践得分最高的三个或五个标志性的性格优势。例如，创造性优势的人不妨报名参加一个摄影或绘画的学习班；美感优势的人可以去参观一间并不熟悉的艺术馆或博物馆；勇敢优势的人可以尝试在团队大胆说出不受欢迎的想法；感恩优势的人不妨马上亲手写一封信并把它寄出去。这是一种对提升幸福感有着长远积极效应的干预措施，其关键就是不断采用新的方法去实践自己的标志性优势。

性格发展是人成长过程中的重要课题之一，在青少年阶段对性格优势的识别与培养具有深远的意义。那些充分发展性格优势的学生会生活得更幸福、学习得更主动，更容易获得成功而幸福的人生。

因此，育人捷径是进行以性格优势特征发展为核心的教育教学活动。

（登陆苏州新教育心理培训学校微信公众号可以获得免费的测试）

参考文献

［1］郭雯.性格优势与美德［M］.南京：江苏教育出版社，2013.

［2］侯昱.谁说你没有创造力？［J］.广东科技，2008(08).

［3］胡高喜.论性格与职业的匹配［J］.经营管理者，2011(02).

［4］克里斯托弗·彼德森.积极心理学［M］.北京：群言出版社，2010.

［5］王淑晓.MBTI理论在个性化职业生涯规划教育的应用（案例分析）［J］.出国与就业，2012 (6): 99-100.

［6］杨海琼，孟晓蕾.MBTI人格类型量表在大学生职业生涯规划的应用［J］.商情，2013 (41): 172.

［7］张宁，张雨青.性格优点：创造美好生活的心理资本［J］.心理科学进展，2010, 18 (7): 1161–1167.

［8］Proyer, R. T., Sidler, N., Weber, M., & Ruch, W. A multi-method approach to studying the relationship between character strengths and vocational interests in adolescents. *International Journal of Education and Vocation Guidance.* 2012, 12, 141-157.

［9］Holland, J. L. *Making vocational choices (3rd ed.).* Odessa, FL: Psychological Assessment Resources. 1997.

［10］Ma, M., Kibler, J. L., Dollar, K. M., Sly, K., Samuels, D., Benford, M. W., & ... Wiley, F. The Relationship of Character Strengths to Sexual Behaviors and Related Risks among African American Adolescents. *International Journal of Behavioral Medicine,* 2008, 15(4), 319-327.

［11］Nansook, P. *Building Strengths of Character: Keys to Positive Youth Development.* Reclaiming Children & Youth, 2009, 18(2), 42-47.

［12］Park, N., & Peterson, C. Character Strengths and Happiness among Young Children: Content Analysis of Parental Descriptions. *Journal of Happiness Studies*, 2006, 7(3), 323-341.

［13］Park, N., Peterson, C., & Seligman, M. P. Strengths of Character and Well-being. *Journal of Social & Clinical Psychology*, 2004, 23(5), 603-619.

［14］Scales, P. C., Benson, P. L., Leffert, N., & Blyth, D. A. Contribution of Developmental Assets to the Prediction of Thriving Among Adolescents. *Applied Developmental Science*, 2000, 4(1), 27.

附录二

成就理想教师的途径与方法

什么样的教师是好老师,至今没有一个统一的定论,每个人心目中都有自己的好老师的形象和标准,每个学生都希望能够遇到自己心目中的好老师,而作为教师谁都希望自己是符合大家标准的好老师。教师自身的积极特质是成为理想教师的最重要的条件,因此关于理想教师的积极特质研究就显得很有必要。

一、研究背景与问题提出

教育部"十一五"规划课题"新教育实验"(以下简称"新教育")已经在全国各地中小学校轰轰烈烈地开展了十多年,"新教育"的倡导者朱永新老师提出,"新教育"的理想教师具有8个特征:理想的教师是一个胸怀理想、充满激情和诗意的教师;是一个自信、自强、不断挑战自我的教师;是一个善于合作、具有人格魅力的教师;是一个充满爱心、受学生尊敬的教师;是一个追求卓越、富有创新精神的教师;是一个勤于学习、不断充实自我的教师;是一个关注人类命运、具有社会责任感的教师;是一个坚韧、刚强、不向挫折弯腰的教师。(朱永新,《新教育之梦》,2004年)

"新教育"是一种教育理想,一股教育激情,一份教育诗意,一项教育行动,她点燃了一大群有梦想、有激情的教师,让他们跟着"新教育"腾飞。现在,我们开始静下来梳理、反思:"新教育"造就了大批优秀的榜样教师，他们身上都有哪些积极特质？我们可以培养出更多的符合"新教育"理想教师特质的教师吗？作为一个理想教师究竟应该具有哪些积极特质？这些特质之间有何关系？它们是可以培养的吗？理想与现实差距在哪里？理想教师成长轨迹什么样？如何规划教师的职业发展？这些问题渐渐进入我们的脑海中。

积极心理学研究的积极特质与"新教育"的理想教师特质是不是具有相似之处，广大教师对此是否具有共同的认同感，这也是值得思考的问题。本研究以朱永新老师提出的理想教师特征为基础，参考积极心理学关于积极特质的研究成果，对小学理想教师的积极特质进行调研、评估和分析，以期推动教师专业化水平的进一步提高，带动一大批教师向更高层次发展。

二、研究思路与问卷调查

本研究通过对已有文献的分析，结合一对一访谈，提取优秀教师实际工作中的积极特质要素，从中提炼出10个积极特质并编制问卷。之后，请经验丰富的专家和老师对初始问卷项目的言语表述、项目内容进行评估，提出相应修改意见，主要包括修改语意模糊的项目，合并意义相近的项目，删除那些明显不适合的项目。随后选取4所学校500位小学教师进行试测，对测试数据进行探索性因素分析和项目分析，筛选题目，最终整合成九大积极特质，形成理想教师积极特质最终问卷，共86个题目。问卷内容分两大部分，第一部分为理想状态评分，第二部分为自我状态评分，所有项目采用李克特6点记分制。

通过正式施测确定理想教师的九大积极特质维度结构，并检验问卷的信度、效度，分析在性别、学历、工作年限、班主任工作年限、参加"新教育"年限、所教年级六大人口学变量在九大维度上的差异情况，分析现实状况与理想状况的差异。最后根据调研结果与相关文献的分析，构建理想教师积极特质培养课程体系，为实现幸福完整的教育生活提供一些启发。

本研究正式施测采用分层随机抽样的方法，选取江苏、浙江、四川、内蒙、山东、山西、河北、湖北 8 个地区的部分学校小学教师，其中参加"新教育"和未参加"新教育"的教师各达一半左右。调研采取网络测试方式，参与测试人数共 900 人，剔除无效问卷 129 份，最终有效问卷 771 份，有效率为 85.7%。

本问卷的编制参照了部分班主任胜任特征及积极特质问卷（叶瑾，2007 年西北师范大学教育硕士论文《中学班主任胜任特征研究》；王英，2007 年 02 期《班主任期刊》文章《班主任的十个胜任力因素》；塞利格曼，2010 年《真实的幸福》优势调查 VIA Strengths Survey），研究了小学教师对理想教师和现实状态的评价情况，经过对教师和教育管理部门的实地调查访谈所制定的各个项目，从不同侧面反映了教师在教育教学管理中遇到的情况，测评问卷中的各项指标包括了教师积极特质的各个方面，问卷的内容和形式表达清晰，能较准确地反映小学理想教师的积极特点。

研究采用问卷信度检验中最常用的克隆巴赫（Cronbach）α 系数来测量问卷的信度。统计结果显示，问卷 86 个项目总的 α 系数为 0.978，一般认为 α 系数在 0.7 以上的问卷的信度较高，因此问卷具有较高的内部一致性。其他各维度的 α 系数也基本高于 0.8。同时巴特利特球体检验（Bartlett Test of Sphericity）χ^2（卡方）统计值的显著性水平是 0.000（小于 0.01），这说明数据适宜做探索性因素分析。结果显示，问卷各项测评指标因子的共同度均大于 0.45，说明问卷中设置的测评指标对满意度的影响是显著的，没有必要剔除任何指标。初步表明本问卷的结构效度良好。

三、理想教师积极特质分析

先看相关概念的界定：

理想教师　理想教师就是拥有幸福完整教育生活的教师。它是建立在对现实发展可能性认识基础上的，对未来教师形象的想象和期望有一定的价值判断。理想教师形象是相对于现实教师形象提出的，理想教师形象与现实教师形象之间往往存在着差距，它反映的是社会公众的一种期望，这种期望一般会高于现实。理想教师形象指向的是未来,是教师自身发展的方向。

积极特质　积极心理学是 20 世纪 90 年代在美国兴起的一个新的心理学研究领域,积极特质是积极心理学的重要研究内容。本研究中的积极特质是相对于能力而言,这些特质是可以培养的且有利于教师和学生成长的,是个体在先天潜能和环境教育交互作用的基础上形成的相对稳定的正向心理特质,这些心理特质影响或决定着个体思想、情感和行为方式的积极取向(孟万金,2008)。本研究的理想教师积极特质以小学教师为对象。

1. 理想教师九大积极特质解释

职业理想　教师的职业理想应该是热爱教师工作和教育事业,拥有教育梦想和目标,全身心投入教育事业,并能体验到持续的职业幸福感。

诗意激情　诗意激情是一种人生态度。一个理想的教师应该是性格积极阳光,工作中充满热情,喜欢和学生在一起,有青春和活力、浪漫和激情,对教育工作有很多希冀的教师。

自我效能　指人对自己是否能够成功地进行某一成就行为的主观判断,它与自我能力感是同义的。自我效能的信念决定了人们如何感受、如何思考、如何自我激励以及如何行为。自我效能决定了人们对自己工作能力的判断,积极、适当的自我效能感使人们认为自己有能力胜任所承担的工作,由此将持有积极的、进取的工作态度;而当人们的自我效能比较低,认为无法胜任工作,那么他对工作将会有消极回避的想法,工作积极性将大打折扣。一般来说,成功经验会增强自我效能,反复的失败会降低自我效能。理想教师的自我效能感应该是对自己有充足的信心,认为自己有信心完成教育教学任务,相信自己有能力应对工作压力;受到学生及家长的尊重和欢迎,受到领导的肯定与鼓励;在教育工作中体验到强烈的成就感。

团队合作　团队合作是指成员密切合作,配合默契,共同决策,与他人协商,一起实现目标的过程。理想教师的团队合作特质应该是擅长整合各种教育资源为实现教育目标所用,听取学生、家长及其他教师的意见和建议,和家长、学生及其他教师是很好的合作关系，遇到困难善于求助，沟通协调能力强。

学习反思 学习是人和动物所共有的一种对环境的适应现象，在当今"变化是唯一不变的时代趋势"背景下，不学习就会落后，不反思就很难进步。一个理想教师的学习反思特点应该是热爱学习，主动学习多方面的知识，善于总结工作经验和教训，经常反思教育教学行为，关注教育前沿理论和方法，经常与同行交流教学经验，不断成长进步。

灵活创新 创新是教育的灵魂。一个理想的教师应该具有创新精神，思维灵活，喜欢有创意的教学活动，对新事物充满好奇，教学形式多样、灵活多变，对教学和课堂管理有自己的一套方法，能开发学生的无限潜能，不断追求卓越。

爱心责任 责任与爱心，二者互相促进，互为表里，缺一不可。理想教师应该真心地爱每一位学生，无条件地接纳每个学生，对每个学生负责，全心全意为他们着想，并因此而受到学生和家长的信任和喜欢；同时以身作则，严于律己，能够做到言传身教。

勇敢坚韧 面对复杂多元、充满诱惑的环境，作为净化心灵的人民教师能抵挡诱惑、甘于平常、坚守梦想吗？理想教师应该愿意为教育事业付出艰辛，对未来充满信心和希望；教育事业再苦再累也不放弃；把压力看成磨练；遇到困难、挫折，有勇气坚持下去。

积极应对 理想教师面对复杂的教育教学现象，可以机智灵活地处理突发事件；面对难题、困境和挑战时能积极思考，乐观向上，灵活应对，总能找到科学有效的解决问题的方法。

2. 理想教师九大积极特质结构分析

根据调查结果的数据分析，理想教师九大积极特质在理想状态的得分情况从高到低依次为爱心责任、学习反思、职业理想、灵活创新、团队合作、勇敢坚韧、诗意激情、自我效能、积极应对。由此可以分为三个层次：第一层次，理想教师首先应该拥有爱心责任、学习反思、职业理想、灵活创新和团队合作五大特质；第二层次，理想教师应该是勇敢坚韧、诗意激情和高自我效能的；第三层次是积极应对。九大特质均分都在5分以上，说明这九大特质都是大家认为理想教师应该具备的特质，与我们的理论构想和现实访谈结果保持一致性。

以上三个层次反映了理想教师的基础特质（生存需求），包括爱心责任、学习反思、职业理想、灵活创新和团队合作。其次是个人成长，属于中级特质（发展需求），与教师的个性人格特质有密切关系，包括勇敢坚韧、诗意激情和自我效能。最高级的特质是应对挑战时能够积极应对，属于自我实现境界，在工作中能够酣畅地投入，不断获得成就感。

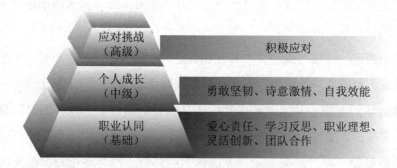

图1　理想教师九大积极特质金字塔结构

需要说明的是，金字塔结构总体趋势是由低到高的层次，但并不是指理想教师的能力固定地按照由低到高机械发展。

3. 理想教师九大积极特质理想状态与自我状态结果分析

根据本次调查结果的理想状态与自我状态的总体数据情况（平均分），发现教师在九大特质上理想状态与自我状态都存在一定的差异且达到显著水平，特别是积极应对和学习反思方面。详见图2：

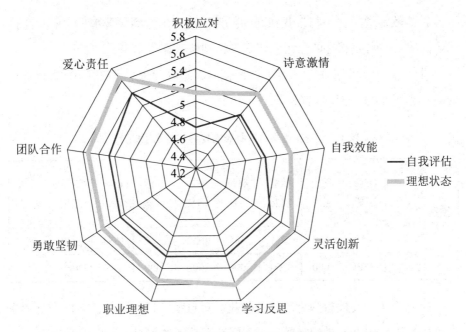

图 2　积极特质总体理想状态与自我状态差异

根据上图，可以分析每个个体在理想状态与自我状态的差异，也可以分析个体在某个群体中所处的位置，为教师的成长规划与持续学习提供参考方向。

4. 教师理想状态与自我状态差异分析

本研究分别对不同性别、学历、教师工作年限、班主任工作年限、参加"新教育实验"年限和所教年级在理想状态与自我状态的情况做了差异比较，相应结果如下：

（1）性别差异。

此次调查中，男性教师 126 人，占总人数的 16.3%；女性教师 645 人，占总人数的 83.7%。

男性教师在理想状态九大维度的得分均略低于女性教师（除勇敢坚韧外，其他八个维度差异达到显著），而在自我现实状态九大维度上的得分又略高于女性教师（九大维度均达到显著差异）。

男性教师理想状态与自我状态的差异很小，未达到显著水平，而女性教师理想状态与自我状态的差距较明显，达到极其显著水平。

具体差异分析结果详见表1（小于0.05差异显著，小于0.01差异非常显著，小于0.001差异极其显著）：

表1　理想状态与自我状态的差异在性别上的分析

性别 \ 差异值	学习反思	积极应对	职业理想	爱心责任	勇敢坚韧	灵活创新	自我效能	诗意激情	团队合作
男	.318	.449	.731	.645	.632	.612	.553	.539	.900
女	.000	.000	.000	.000	.000	.000	.000	.000	.000

由此说明，女性教师更趋于理想化，对自我的评估更低，学校需要考虑工作中性别比例上的搭配问题，对不同性别教师的培养方面也需要注意。

（2）学历差异。

此次调查中，大专生145人，占总人数的18.8%；本科生612人，占总人数的79.4%；研究生14人，占总人数的1.8%。结果显示如下：

本科生除自我效能和诗意激情两个维度外，其他七个维度在理想状态的得分都高于研究生和大专生（学习反思、积极应对、爱心责任、灵活创新维度达到显著差异），而在自我状态方面，除自我效能外，其他八大维度上的得分都是相对最低的（在学习反思、积极应对、灵活创新三个维度上差异显著）。比较理想状态与自我状态的差距，发现本科生在九大维度上的差距都较大，达到极其显著水平。说明本科生相对而言更具理想化，对自我的评估却略低。

研究生的自我效能和诗意激情两个维度在理想状态的得分最高（自我效能维度差异显著），其他七个维度得分最低（学习反思、积极应对、爱心责任、灵活创新维度达到显著差异），而自我状态方面在职业理想、爱心责任、灵活创新、学习反思、团队合作五个维度的得分最高，自我效能维度得分最低。说明研究生认为自我效能和诗意激情特质对成为一个理想教师更重要，在现实中这两项也比较容易受挫。研究生对自我在爱心责任、灵活创新、学习反思、职业理想、团队合作方面的评价较高,但实际自我效能感又最低,这种现象值得关注。访谈中所有的小学校长都表现出对本校研究生学历的教师不满意,显然高学历不能表现出对现实教育教学工作的最佳适合度。(研究生人数相对较少,调研结果是否能代表大部分研究生教师的实际情况还有待进一步验证)。

大专生在九大维度上理想状态与自我状态的差距不大,仅在团队合作方面达到显著水平。理想状态和自我状态的差异在学历上的情况详见表2:

表2 理想状态与自我状态的差异在学历上的分析

学历 \ 差异值	学习反思	积极应对	职业理想	爱心责任	勇敢坚韧	灵活创新	自我效能	诗意激情	团队合作
大专	.063	.332	.141	.252	.138	.304	.143	.036	.043
本科	.000	.000	.000	.000	.000	.000	.000	.000	.000
研究生	.864	.533	.881	.837	.511	.588	.005	.321	.449

以上结果可对学校教师招聘和人职匹配方面有一定启发。

(3)教师工作年限差异。

此次调查中,工作0~3年的教师147人,占总人数的19.1%;工作4~6年的58人,占总人数的7.5%;工作7~9年的82人,占总人数的10.6%;工作10年以上的338人,占总人数的43.8%;工作20年以上的146人,占总人数的18.9%。调查结果显示如下:

工作4~6年的教师理想状态得分在九大维度上均高于其他年限的教师(除爱心责任外,其他八大维度都存在显著差异),自我状态得分同样呈现这样的情况(九大维度差异都达到显著水平),说明工作4~6年的教师整体工作状态都较好,但在理想状态和自我状态的差异方面也较明显,说明他们很关注自我的发展,还希望有更大的成长空间。

工作 7～9 年的教师理想状态得分是最低的，自我状态的得分也较低，在诗意激情方面更是出现了低于 5 分的现象，其理想状态与自我状态在九大维度上的差异都达到了显著水平。说明工作 7～9 年这个时间段的教师可能更容易产生职业倦怠，值得引起重视。

工作 0～3 年、4～6 年、7～9 年、10 年以上和 20 年以上的教师在理想和自我状态的差异均达到显著水平（4～6 年教师的勇敢坚韧除外）。

从数据可以看出，工作年限与教师的成长呈"阶段式反复、波浪式前进"的趋势，4～6 年是提升高峰阶段，7～9 年快速下降，10 年以上又会慢慢提升。此结果对如何根据不同工作年限的教师特点进行针对性辅导有一定的启发。

不同工作年限在理想状态和自我状态的差异分析结果详见表 3：

表 3　理想状态与自我状态的差异在工作年限上的分析

工作年限＼差异值	学习反思	积极应对	职业理想	爱心责任	勇敢坚韧	灵活创新	自我效能	诗意激情	团队合作
0～3 年	.000	.000	.000	.000	.000	.000	.000	.000	.000
4～6 年	.012	.028	.004	.042	.128	.008	.023	.002	.006
7～9 年	.000	.000	.006	.016	.005	.028	.041	.001	.023
10 年以上	.000	.000	.000	.000	.002	.000	.000	.000	.000
20 年以上	.000	.000	.000	.000	.000	.000	.000	.000	.000

（4）班主任工作年限差异。

此次调查中，没做过班主任的 127 人，占总人数的 16.5%；做班主任 0～3 年的 179 人，占总人数的 23.2%；4～6 年的 117 人，占总人数的 15.2%；7～9 年的 76 人，占总人数的 9.9%；10 年以上的 208 人，占总人数的 27.0%；20 年以上的 64 人，占总人数的 8.3%。调查结果如下：

班主任工作年限与教师成长呈现一个比较复杂的趋势，没做过班主任的理想状态得分较高，做过 4～6 年和 10 年以上的次之，20 年以上和 0～3 年的再次之，7～9 年的最低。自我状态方面，做过 4～6 年和 0～3 年的得分最高，没做过班主任和做过 7～9 年的得分最低（九大维度均达到显著差异），10 年以上和 20 年以上的得分又往上升。

所以，班主任在不同时间段自身的波动较大：随着时间慢慢提升，到 7～9 年又快速下降，尤其在勇敢坚韧和职业理想方面得分最低，然后再慢慢回升。所以，做班主任 7～9 年这个时间段容易倦怠，值得管理者关注。

另外，没做过班主任的理想状态得分较高，自我状态得分较低，两者差距较大，在九大维度上均达到显著水平，说明做班主任这种挑战性工作对教师成长有一定的帮助。做班主任 0～3 年的在学习反思、积极应对、自我效能方面理想状态和自我状态的差距达到显著水平；做班主任 4～6 年的在学习反思、灵活创新、自我效能、诗意激情、团队合作方面差异显著；做班主任 7～9 年的在九大维度上差异都显著；做班主任 10 年以上的在九大维度上差异都达到极显著水平；做班主任 20 年以上的在学习反思、积极应对、爱心责任、灵活创新、团队合作方面差异显著。做班主任不同年限在理想状态和自我状态的差异分析结果详见表 4：

表 4　理想状态与自我状态的差异在班主任年限上的分析

差异值 班主任年限	学习反思	积极应对	职业理想	爱心责任	勇敢坚韧	灵活创新	自我效能	诗意激情	团队合作
没做过	.000	.000	.000	.000	.000	.000	.000	.000	.000
0～3 年	.000	.000	.112	.282	.259	.176	.018	.126	.285
4～6 年	.006	.053	.077	.094	.294	.012	.005	.011	.034
7～9 年	.000	.001	.005	.003	.009	.002	.002	.000	.023
10 年以上	.000	.000	.000	.000	.000	.000	.000	.000	.000
20 年以上	.011	.005	.063	.004	.055	.016	.054	.065	.028

（5）参加"新教育"年限差异。

此次调查中，未参加过"新教育"的314人，占总人数的40.7%；参加1～2年的135人，占总人数的17.5%；参加3～5年的191人，占总人数的24.8%；参加6～8年的102人，占总人数的13.2%；参加9～10年的29人，占总人数的3.8%。调查结果详见图3：

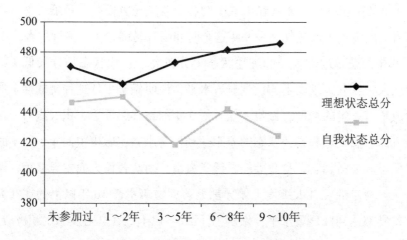

图3 参加"新教育"年限理想状态与自我得分情况

由此可以看出，参加"新教育"9～10年的教师是与"新教育"一起成长起来的教师，他们在八大维度上的理想状态得分最高，尤其在职业理想、诗意激情、团队合作、积极应对方面差异特别明显，但自我状态评估方面却相对较低。

参加"新教育"6～8年和3～5年的理想状态得分也比平均水平高，其次是没参加"新教育"的教师。自我状态评估方面，3～5年、9～10年的相对较低，6～8年的处于中间水平。

参加"新教育"1～2年的理想状态得分最低。而自我状态评估方面，1～2年的评分却最高，两者差距不大，未达到显著水平。说明参加"新教育"1～2年的教师对"新教育"接触不多、了解不多，还处于心存疑虑的阶段，没有产生太大影响。

没有参加"新教育"的，九大维度都在理想状态和自我状态的差距方面达到显著水平；参加"新教育"3～5年、6～8年、9～10年的理想状态和自我状态的差距也都达到非常显著的水平。具体结果详见表5：

表5　理想状态与自我状态的差异在"新教育"年限上的分析

差异值 "新教育" 年限	学习 反思	积极 应对	职业 理想	爱心 责任	勇敢 坚韧	灵活 创新	自我 效能	诗意 激情	团队 合作
未参加	.000	.000	.000	.010	.006	.000	.000	.000	.000
1～2年	.071	.135	.796	.874	.962	.927	.767	.662	.672
3～5年	.000	.000	.000	.000	.000	.000	.000	.000	.000
6～8年	.000	.000	.000	.000	.002	.000	.000	.000	.000
9～10年	.000	.000	.000	.000	.000	.000	.003	.000	.000

由此可以看出，参加"新教育"时间越长，理想状态得分也越高，"新教育"让教师们开阔了视野，点燃了教师的理想和激情。但参加时间越长，自我状态却没有跟着提升，反而变得自卑了，随着时间出现波浪式反复的趋势，理想状态和自我状态的差距也越来越大。这从一个侧面可以折射出"新教育"在对教师的后续培训方面还需要加强。

（6）所教年级差异。

此次调查中，教小学低年级（1、2、3年级）的398人，占总人数的51.6%；教小学中高年级（4、5、6年级）的373人，占总人数的48.4%。调查结果如下：

低年级教师理想状态的得分在九大维度上均略高于中高年级的教师（除自我效能、灵活创新维度外，其他七大维度达到显著差异），在积极应对方面差异比较大，说明低年级教师相对中高年级教师来说，认为积极应对更重要。而在自我状态方面，低年级教师比中高年级稍微高一些，但差距不大，九大维度均未达到显著差异。

另外，低年级教师理想状态和自我状态的差距比中高年级教师的稍大，但低年级和中高年级教师在理想状态和自我状态的差异方面都达到了极其显著水平，详见表6：

表6 理想状态与自我状态的差异在所教年级上的分析

所教年级\差异值	学习反思	积极应对	职业理想	爱心责任	勇敢坚韧	灵活创新	自我效能	诗意激情	团队合作
低年级	.000	.000	.000	.000	.000	.000	.000	.000	.000
中高年级	.000	.000	.000	.000	.000	.000	.000	.000	.000

因此可以看出，低年级的教师比中高年级教师更具理想化，在教师培养方面，需要考虑教师所教年级的因素，给教师们更多发挥的空间。

四、成为理想教师的途径和方法

根据调研结果分析，理想教师九大积极特质具有如下特点：

1. 阶段性发展

作为一个理想的教师，需要拥有九大方面的积极特质，但这些特质是有阶段性的，不同阶段的教师侧重点不一样。新入职的教师更需要在职业认同和个人成长方面下功夫，特别是职业理想、学习反思、勇敢坚韧、诗意激情方面自我状态与理想状态的差距较大。因此，对于新入职教师，帮助他们树立理想和决心很重要。

而对于工作一段时间以后的教师（4~6年左右），他们在九大特质方面都有了很大的提升，这时更要关注他们的自我效能感，帮助他们进一步提升自信，更好地应对挑战，让其能力和素质更上一层楼。

对于工作时间更长的教师（7~9年左右），需要在学习反思、职业理想、勇敢坚韧、诗意激情等方面做工作，帮助其重新找到工作的热情，这样在工作更长的时间里他们能够随着时间、经验的累积不断获得新的成长，达到自我实现。

2. 个体差异性

理想教师九大积极特质在性别、学历、是否做过班主任、是否参加"新教育"方面呈现一定的个体差异。

女性比男性更具理想化，理想状态与自我状态的差距更大，尤其在学习反思、职业理想、灵活创新、诗意激情、积极应对方面，需加强相关培训辅导，提升其自信和能力。

本科生相对而言更具理想化，对自我的评估却略低。本科生教师群体作为小学的主力军，学校应提供相应支持，帮助他们成长。研究生教师在小学里相对人数较少，关注他们解决实际问题的能力很重要。

做过班主任的教师在九大积极特质方面比没做过班主任的高，因此，让没有做过班主任的教师尝试做班主任可以提升其积极特质。

参加"新教育实验"的教师九大积极特质在理想状态上呈现随着时间而提升的趋势，但自我状态评估却呈现下降的趋势，特别是在灵活创新、诗意激情、积极应对方面，需在这些方面跟上理想状态的步伐，达到自我状态和理想状态的统一。

3. 可塑性

积极特质是积极心理学研究的重点内容，积极心理学通过研究挑选出24项具有跨文化价值的、可以培养的特质，并把它们划分为六大美德：（1）智慧和知识，包括好奇、好学、创造力、开放性思维、洞察力5种心理特质；（2）勇气，包括勇敢、毅力、正直、活力4种心理特质；（3）人性，包括爱、仁慈与情商等3种心理特质；（4）正义，包括公平、领导力和团队精神3种心理特质；（5）节制，包括宽恕、谦虚、审慎和自我控制4种心理特质；（6）精神升华，包括美感、感恩、乐观、幽默和信仰5种心理特质（克里斯托弗·彼得森，2010）。积极心理学通过实证研究后认为人的这些积极特质可以帮助人更积极、更聪明、更成功、更幸福。

我们通过研究得出的理想教师九大积极特质：职业理想、团队合作、积极应对、爱心责任、勇敢坚韧、诗意激情、自我效能、灵活创新、学习反思与 24 项积极特质相吻合。

因此，理想教师九大积极特质在特定的环境下是可以通过训练、培养得到提升的，只要有合适的课程和实践训练，大多数教师可以成长为理想的教师。

"新教育实验"的宗旨是要让所有的教师过上幸福完整的教育生活。幸福是教师的应有权利，也只有幸福的教师才能培养憧憬幸福生活、体验幸福并获得幸福能力的学生。积极心理学认为，幸福的生活需要积极的情绪体验、积极的个人特质、积极的组织共同来打造。

教师应该通过心理学知识的学习和专业学科能力的培训来提升自己的基本素质，加强学习心理辅导技术、学生管理技能、学生生涯规划方法、问题解决方法，不断提升职业效能感、自信心，增强成就体验，最后达到积极应对教育工作的各种新要求和新挑战。

（登陆苏州新教育心理培训学校微信公众号可以获得免费的测试评估）

参考文献

[1] 朱永新. 新教育[M]. 北京：文化艺术出版社，2012.

[2] 朱永新. 中国新教育[M]. 北京：中国人民大学出版社，2011.

[3] 朱永新. 新教育之梦[M]. 北京：人民教育出版社，2004.

[4] 克里斯托弗·彼得森. 积极心理学[M]. 徐红，译. 北京：群言出版社，2010.

[5] 樊富珉. 团体心理咨询[M]. 北京：高等教育出版社，2005.

[6] 马丁·塞利格曼. 认识自己，接纳自己[M]. 任俊，译. 沈阳：北方联合出版传媒（集团）股份有限公司，万卷出版公司，2010.

[7] 马丁·塞利格曼. 真实的幸福[M]. 洪兰，译. 沈阳：北方联合出版传媒（集团）股份有限公司，万卷出版公司，2010.

[8] 芭芭拉·弗雷德里克森. 积极情绪的力量[M]. 王珺，译. 北京：中国人民大学出版社，2010.

[9] 马丁·塞利格曼. 持续的幸福[M]. 赵昱鲲，译. 杭州：浙江人民出版社，2011.

后 记

我是一名大学心理咨询中心的专职心理咨询教师、硕士研究生导师，我大学毕业后第一份工作是中学语文教师，后来也教过初中、高中语文，在我的故乡江苏省盐城市大丰县一干就是 8 年。后来我读了心理学研究生，留在现在的高校，但一直对中学教师怀有独特情感，我理解初中教师的烦恼，也深知高中教师的艰辛，对小学老师的不易也很了解。

当我在高校接受临床心理学系统训练，了解和掌握了多种临床心理学流派的治疗原理和技术后，我对自己从前做中学教师经历的各种教师成长和教育教学问题有了新的认识。我一边在大学任教，一边关注和研究中小学师生的心理健康问题，结合 20 年从事心理咨询工作的临床经验，我对今天的中小学教师遇到的各种烦恼和学生的许多问题有了自己的理解，我努力把所学到的最为实用有效的心理学方法介绍给中小学同行们。

我利用业余时间，于 2004 年成功创办了"苏州新教育心理培训学校"，兼任校长，组织专家团队为社会培养心理学方面的专业人才（心理咨询师、婚姻咨询师、劳动关系协调员、EAP 咨询师）。我们学校培养的近万名心理学人才在长江三角洲的各行各业发挥着重要作用，更令人欣慰的是，他们中占比较大的中小学教师因为学了心理学而变得更幸福。

当我第一次接触到积极心理学的时候，就如同我第一次接触人本主义心理学一样激动，该学派对人性的理解和解决问题的方法，对于我们教师来说太有实际操作意义了。因此在近十多年的时间里，只要有机会我就努力地学习和研究积极心理学，并把它介绍给中小学教师，以帮助他们提高自己的职业效能感和成就感，我也努力运用积极心理学治疗方法帮助我的来访者。

几年前，我的硕士、博士导师朱永新教授给了我一个任务，他推荐我给《河南教育》杂志写如何在中小学应用心理学的文章，当时的杂志副主编李序老师联系了我，我按照李序老师的要求在《河南教育》杂志开了专栏"积极心理导引"，并于2011年1月发表了第一篇文章——《纠错就是有效的教育教学行为吗？》，之后一直到2013年先后发了十多篇介绍在中小学应用积极心理学的文章。与此同时，苏州市教育局让我开设了"教师幸福大讲堂"，每月一讲，两个学期连续讲了10场。主持该论坛的徐洁处长说这个论坛很受老师欢迎，每次发的500张入场券都不够，现场还要加座。昆山教育局也让我对他们的教师进行全员培训，每场1500人，连续5讲，如此等等，让我很感动。

教师们需要积极心理学，也喜欢积极心理学，他们的热情让我更加努力地去帮助中小学教师学习和运用心理学解决自己的和学生的问题。几年的积累形成了今天的这本小书。

我希望用最通俗简明的语言向中小学教师介绍心理学的最新最前沿的科研成果，比如脑科学的研究成果，把积极心理学运用于教师成长发展，帮助教师解决一些普遍存在的问题，探索育人捷径，思考成就理想教师的途径和方法。与教育教学有关的理论和方法浩如烟海，这本小书只是沧海之中的一滴，如果教师们读完能够有一些启发和收获，我会非常开心。我将继续努力为中小学老师提供更好更实用的解决问题的方法，也欢迎老师们与我联系，我的电子邮箱：Taoxh@suda.edu.cn。

　　我的新教育心理培训学校还给各位老师提供了免费的网络资源，有兴趣的可以扫描下面的二维码——苏州新教育心理培训学校的微信公众号。登陆网页试一试，一定有惊喜。

图书在版编目（CIP）数据

教育中的积极心理学 / 陶新华著 . —上海：华东师范大学出版社，2016
ISBN 978–7–5675–6014–7

Ⅰ.①教 ... Ⅱ.①陶 ... Ⅲ.①教育心理学 Ⅳ.① G44

中国版本图书馆 CIP 数据核字（2017）第 005648 号

大夏书系·教育艺术

教育中的积极心理学

著　者	陶新华
责任编辑	任红瑚
封面设计	百丰艺术
出版发行	华东师范大学出版社
社　址	上海市中山北路 3663 号　邮编　200062
网　址	www.ecnupress.com.cn
电　话	021 - 60821666　行政传真　021 - 62572105
客服电话	021 - 62865537
邮购电话	021 - 62869887
地　址	上海市中山北路 3663 号华东师范大学校内先锋路口
网　店	http://hdsdcbs.tmall.com
印刷者	北京季蜂印刷有限公司
开　本	700×1000　16 开
印　张	11.5
字　数	150 千字
版　次	2017 年 5 月第一版
印　次	2024 年 9 月第二十一次
印　数	69 101 - 71 100
书　号	ISBN 978－7－5675－6014－7/G·10025
定　价	35.00 元
出版人	王　焰

（如发现本版图书有印订质量问题，请寄回本社市场部调换或电话 021-62865537 联系）